Découvrez l'histoire par les archives de presse

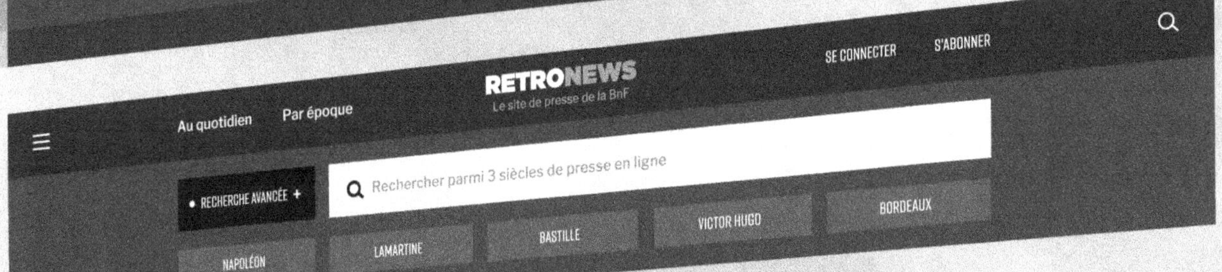

RETRONEWS

Le site de presse de la BnF

www.retronews.fr

GOUVERNEMENT · GÉNÉRAL DE L'ALGÉRIE

ÉTAT ACTUEL

DE

L'ALGÉRIE

PUBLIÉ D'APRÈS

LES DOCUMENTS OFFICIELS

PAR ORDRE

DE S. E. LE MARÉCHAL **PELISSIER**, DUC DE MALAKOFF

SOUS LA DIRECTION

DE M. MERCIER-LACOMBE, CONSEILLER D'ÉTAT

Directeur général des Services civils de l'Algérie.

ALGER

IMPRIMERIE TYPOGRAPHIQUE BOUYER

1862

ÉTAT ACTUEL DE L'ALGÉRIE

ÉTAT ACTUEL

DE

L'ALGÉRIE

D'APRÈS LES DOCUMENTS OFFICIELS

GÉOGRAPHIE, PRODUITS, ADMINISTRATION, STATISTIQUE

ALGER

IMPRIMERIE ET PAPETERIE BOUYER

1862

ÉTAT ACTUEL DE L'ALGERIE

Populations.— Climat. — Température .— Climatologie.

POPULATIONS

La pacification de l'Algérie date à peine de 1847. Or, point de sécurité, point de colons ; on ne saurait donc s'étonner du peu d'empressement qu'ont mis d'abord les Européens à s'établir en Afrique.

Mais depuis la chute d'Abd-el-Kader et la soumission de la Grande Kabylie, — c'est-à-dire depuis que la conquête est achevée, — le nombre des immigrants augmente d'une manière continue, et il est probable que, dans un temps prochain, le chiffre de la population sera plus que doublé.

Aujourd'hui, on trouve dans les trois provinces, aussi bien en territoire militaire qu'en territoire civil, des nationaux de tous les pays : Français, Espagnols , Italiens, Maltais, Allemands, Anglais, Belges, Suisses et Russes donnent un effectif d'environ deux cent mille âmes.

On distingue, parmi les indigènes : les Juifs, les Arabes des villes, les Arabes de la plaine et ceux de la montagne (Kabyles). — Cette partie de la population est évaluée à deux millions, sept cent soixante, mille neuf cent quarante-huit habitants, d'après le dernier recensement.

Le tableau comparatif suivant indique le chiffre des différentes populations de l'Algérie et les accroissements qui ont eu lieu de 1856 à 1861, d'après les dénombrements officiels :

NATIONALITÉS.	1856	1861	AUGMENTATION
Français..........	92.738	112.229	19.491
Etrangers.........	66.544	80.517	13.973
Arabes des villes ...	123.250	358.760	235.510
Arabes des tribus ..	2.184.099	2.374.091	189.992
Juifs indigènes	21.048	28.097	7.049
Population en bloc..	8.388	13.142	4.754
Totaux........	2.496.067	2.966.836	470.769

Les corps de troupes faisant partie de l'armée d'Afrique ne figurent pas dans ce tableau : leur effectif s'élève à 63,000 hommes. — Ne sont point compris non plus, dans le dénombrement des tribus, 32,288 indigènes appartenant soit aux familles étrangères qui résident au sud de la division d'Alger, soit à l'aghalik d'Ouargla (oasis).—La « *population en bloc* » se compose du personnel des hôpitaux, des orphelinats, des lycées, des colléges, des pensionnats, des séminaires, des couvents, des prisons et des *Berranis*. On désigne sous le nom générique de Berranis les indigènes qui viennent de l'intérieur exercer momentanément leur industrie dans les villes du Tell. Artisans ou manœuvres, ces individus arrivent de la Kabylie, de Biskra, des oasis du M'zab, du pays des nègres et forment une population flottante qui vit du produit de son travail.

La population actuelle de l'Algérie, abstraction faite de l'effectif des troupes et de la population en bloc, est donc répartie comme suit : Européens, 192,746 ; — Indigènes, 2,760,948 ;soit 2,953,694 : si, à ce dernier nombre, on ajoute les chiffres indiqués précédemment en ce qui est spécial à l'armée d'occupation, à la population en bloc et aux familles indigènes étrangères au pays — chiffres qui donnent au total 118,430, — on trouve que l'Algérie compte aujourd'hui 3,062,124 habitants.

Comparativement aux résultats constatés par le recensement de 1856, celui de 1861 présente une augmentation considérable : 470,769. — L'augmentation qui porte sur la population indigène *des villes* est la conséquence des accroissements de territoire qu'ont reçu les départements en 1859. Ce résultat tient exclusivement à des modifications de circonscriptions territoriales, et n'a d'importance réelle qu'au point de vue politique et administratif. L'augmentation qui porte sur la population indigène *des tribus* s'explique par la conquête récente de la grande Kabylie. La population européenne a suivi un mouvement ascendant, qui se traduit par une augmentation de 33,444 habitants. Ce mouvement tend à s'accroître : Ainsi, le village des Trembles, près Aumale (division d'Alger), vient d'être peuplé (février 1862) de familles piémontaises, et de nouvelles familles sont attendues, qui doivent créer aux environs de Cherchell un centre assez considérable.

Telle qu'elle est composée, la population de la colonie présente, au point de vue moral, des différences nettement tranchées : chaque groupe d'individus conserve, en effet, et conservera longtemps encore ses aptitudes propres.— Les Français ont apporté l'esprit d'initiative qui les distingue ; les uns ont défriché le sol, les autres ont édifié des villes ; d'autres enfin, insouciants du danger, amoureux de l'inconnu, ont suivi nos bataillons jusqu'au milieu du Sahara Ce sont les « héroïques pionniers » au courage desquels le chef de l'Etat rendait naguère un si éclatant hommage !

Les Espagnols sont revenus cultiver, à l'ombre de notre drapeau, les champs dont ils avaient été autrefois les maîtres, et ils peuplent, en partie, la province d'Oran. — Les Mahonnais sont les meilleurs colons du Sahel d'Alger ; ils s'adonnent avec un soin particulier aux cultures maraîchères,

Les Italiens et les Maltais, sobres, laborieux, acclimatés d'avance, initiés aux cultures locales qui ne diffèrent point des leurs, habitent plus particulièrement la province de Constantine.

Enfin, les Allemands et les Suisses, doués d'aptitudes particulières et façonnés au travail, fournissent aussi à la colonie leurs bras et leurs épargnes.

Les indigènes ont également, et suivant leur race, des aptitudes spéciales : — Les Juifs font le commerce ; — les Arabes du Tell et les Kabyles se livrent aux travaux agricoles ; — les gens du Sahara sont essentiellement pasteurs ; — quant aux Berranis, ils forment, ainsi que nous l'avons dit, des corporations particulières : le Kabyle s'emploie comme manœuvre et comme ouvrier agricole ; — le Biskri, comme portefaix ou batelier ; le M'zabite, comme baigneur, boucher, épicier ou marchand au détail ; — le nègre blanchit les maisons, etc.

Mais les Berranis ne sont point les seuls qui se mettent au service des Européens : Un certain nombre d'arabes cultivent nos terres à titre de *kramès* ou fermiers au cinquième du produit net, et, dans les trois provinces, 16,000 indigènes, environ, sont employés par les colons comme manœuvres, garçons de fermes, vanneurs, carriers et domestiques.

Température, Climatologie. — La climatologie algérienne tient de la nature des différentes régions qui divisent le pays, et des caractères qui sont propres à chacune d'elles. Le climat du littoral rappelle celui du Portugal, de l'Espagne, de l'Italie, de la Grèce, de le Provence, tandis que le Sahara des oasis prépare la transition avec les régions tropicales. Au milieu des plateaux élevés du Tell, on retrouve les quatre saisons qui partagent l'année dans le centre de l'Europe : au bord de la mer et dans les plaines du Sud, l'automne et le printemps sont à l'état rudimentaire ; il n'y a même pas d'hiver, à proprement parler, puisque le thermomètre, à part quelques exceptions, reste généralement à plusieurs degrés au-dessus de zéro (8 ou 10 et souvent 10 et 12 degrés centigrades au minimum.).

L'année ne se compose réellement, dans ces régions, que de deux périodes, une chaude et l'autre tempérée. La première commence en juin et finit en octobre ; la seconde, qui est la plus belle, dure depuis le mois de novembre jusqu'à la fin de mai et comprend une partie de l'automne, l'hiver et le commencement du printemps, divisions qui se confondent ici par des nuances insensibles : l'hiver se distingue du printemps par ses pluies, et l'automne ne diffère de l'été que par une plus basse température qui amène un surcroît d'humidité dans l'air.

La température est régulièrement progressive , du mois de janvier au mois d'août ; à partir de septembre, elle va en diminuant ; son maximum est déterminé par les vents du Sud, et son minimum par ceux du Nord et du Nord-Ouest. Ces derniers, frais et marins, feraient quelquefois oublier à l'étranger la latitude où il se trouve, si le sirocco ne venait le lui rappeler en imprimant à son organisme une langueur et un malaise indéfinissables (1).

Le climat de l'Algérie exerce particulièrement une heureuse influence sur certaines formes des maladies du poumon : de nombreuses observations confirmées par des chiffres, — et les chiffres ont leur éloquence, — ne laissent aucun doute à cet égard. Ainsi, dans une lettre adressée, en 1836, à l'Académie de médecine, M. le docteur Moreau signalait la rareté de la phtisie pulmonaire dans le service médical dont il était chargé (Bône). Sur un chiffre de 6,243 malades, les phtisiques n'étaient qu'au nombre de 12. Dans un mémoire communiqué à l'Académie, le docteur Casimir Broussais comptait 63 phtisiques sur 40,241 malades. Le docteur Baudin écrivait sur le même sujet : « La rareté des maladies de poitrine à Alger est telle, qu'il m'est arrivé bien souvent d'être chargé de la visite de plusieurs centaines de fiévreux sans avoir occasion d'appliquer une seule fois l'auscultation des organes respiratoires. Sur un total de 12,853 malades que j'ai traités, j'ai rencontré seulement 31 phtisiques, dont 25 avaient incontestablement été tuberculeux avant leur embarquement pour l'Algérie. » — Le docteur Champouillon n'est pas moins affirmatif : « Je suis convaincu, dit-il, qu'un sujet phtisique au premier degré, qui choisirait sa résidence à propos sur le sol algérien, aurait presque la certitude d'y guérir, ou pour le moins, de s'y améliorer. » C'est également l'opinion du docteur Pietra-Santa, médecin par quartier de S. M. l'Empereur, et qui a été chargé récemment d'étudier, au point de vue médical, le climat d'Alger.

De pareils témoignages nous dispensent de commentaires ; il nous suffit d'ajouter que, depuis plusieurs années, Alger est devenu le foyer sanitaire auquel un grand nombre d'Européens, que la phtisie consume, viennent raviver leurs forces. Ce n'est plus à Nice, en effet, que les

---

(1) MARIT. *Hygiène de l'Algérie.*

médecins envoient leurs malades passer la saison des froids : c'est à Alger, où le thermomètre ne descend jamais au-dessous de 4 degrés centigrades au-dessus de zéro, et où l'air est particulièrement salubre.

Le tableau suivant fera connaître la température des principales localités de la région élevée du Tell :

LOCALITÉS.	ÉLÉVATION au-dessus de la mer.	MOYENNE de la température annuelle.	MAXIMUM.	MINIMUM.
Sétif............	1.100	13°	38°	4° 5
Médéah.......	920	14°	36°	2° »
Miliánah......	900	15°	38°	2° »
Constantine ...	600	17°	40°	2° »
Mascara.......	400	18°	41°	3° »

CHAPITRE II.

Agriculture. — Industrie. — Commerce.

PRODUITS AGRICOLES

L'Algérie est un des lieux du globe où on peut le plus facilement réunir le plus grand nombre d'espèces végétales utiles : les faits abondent qui le prouvent, et le prouvent si bien que la fécondité du Tell est devenue proverbiale. Aussi, laissant de côté les discussions oiseuses, exposerons-nous brièvement la situation présente ; nous ne dirons point ce que l'Algérie pourra produire *un jour* : nous dirons ce qu'elle produit *actuellement.* — C'est ainsi que nous classerons, suivant leur importance, les productions et les richesses de la colonie.

Céréales — Les blés algériens se divisent en deux catégories : le *blé dur* et le *blé tendre.*

Blé dur.— C'était la seule variété connue des indigènes, qui le cultivent encore à peu près exclusivement.

A poids égal, sa farine rend notablement plus de pain que celle du blé tendre, et ce pain, tout aussi beau, est beaucoup plus nourrissant. Le gluten, qui constitue l'élément essentiel pour la transformation des blés en pâtes alimentaires (vermicelles, macaronis, semoules, etc.) se trouve dans ces blés en proportions notablement plus grande que dans les blés des autres pays, employés au même usage, sans en excepter les blés de Sicile et de Taganrog (Russie).

Les expériences chimiques faites dans les laboratoires de la Sorbonne, à Paris, et les démonstrations pratiques de l'industrie ne laissent aucune incertitude à cet égard. — En 1860, on a cultivé en blé dur, 891,009 hectares, 53 ares.

Blé tendre.— Il a été importé par les colons. — On a cultivé dans la dernière campagne, 71,002 hectares, 85 ares.

L'ensemble de ces deux cultures a produit 5,235,669 hectolitres, Le rendement sera plus considérable lorsque les indigènes, renonçant à leurs habitudes traditionnelles, emploieront les cultures et les fumures françaises.

L'orge, l'avoine, le maïs, le seigle, les fèves et le sorgho sont également cultivés; on jugera des progrès accomplis dans une période de cinq ans, (1856-1861), par le tableau ci-dessous.

ANNÉE.	DÉSIGNATION.	ÉTENDUE des terrains CULTIVÉS. (Hectares)		QUANTITÉS RÉCOLTÉES. (Hectolitres)		ANNÉE.	DÉSIGNATION.	ÉTENDUE des terrains CULTIVÉS. (Hectares)		QUANTITÉS RÉCOLTÉES (hect. litres)	
		H.	L.	H.	L.			H.	L.	H.	L.
	Blé tendre	23.635	25	153.194	»»		Blé tendre	71.002	85	386.171	25
	Blé dur. .	555 356	86	2.427.933	72		Blé dur. .	891 219	53	4.849.598	50
	Orge . . .	662.798	54	3.858 270	»»		Orge. . .	1.015.606	38	7.124 932	09
1856	Seigle. . .	550	72	3 630	75	1861	Seigle. . .	1.121	73	13 882	10
	Avoines. .	2.114	18	26.690	»»		Avoines. .	5.121	03	39.991	50
	Maïs. . . .	5.632	20	27.755	70		Maïs. . . .	6.957	60	46.107	34
	Fèves. . .	15.648	54	76.570	28		Fèves. . .	49.231	57	215 968	80
	Sorgho .	4.950	»»	40 050	»»		Sorgho.. .	MÉMOIRE		MÉMOIRE	
		1.270.686	29	6.614.094	45		Total . . .	2.040.260	69	12.746 651	58

Ainsi : les cultures ordinaires couvraient, en 1856, une superficie de 1,270,687 hectares; en 1861, elles couvraient 2,040.260 hec., soit, on plus, 769,573 hectares. Le rendement était, en 1856, de *six millions et demi* d'hectolitres; il a atteint, en 1861, près de *treize millions*. Cela promet pour l'avenir.

Plantes potagères.— Cette culture, particulièrement celle des artichauts, des asperges et des petits pois a pris, depuis quelques années, une extension considérable: dès le mois de décembre, nos champs sont couverts des légumes les plus recherchés à Paris, vers la fin de mars, et l'Algérie fournit de primeurs les principaux marchés de la métropole et de l'Angleterre.

Cultures industrielles.— Le chanvre, le lin, la garance, l'indigotier et le sumac croissent et prospèrent en Algérie. Une plantation de cannes à sucre, faite récemment à Relizanne, a même réussi, parait-il, au-delà de toute prévision. Mais ces différentes cultures, faites, d'ailleurs, sur une échelle très-réduite, ne donnent encore que des espérances.

Les véritables cultures industrielles de la colonie sont, quant à présent, celles du tabac et du coton.

TABAC

A l'inverse de ce qui se passe en France, quiconque réside en Algérie a le droit absolu de cultiver ou de faire cultiver le tabac et de vendre ou faire vendre sa récolte, sans que l'Etat intervienne en rien; culture et commerce sont également libres.

Les premiers essais datent de 1844; ce n'est guère, néanmoins, qu'à dater de 1852 que cette culture a donné des résultats appréciables; quatre ans après ils étaient déjà importants. Le tableau ci-dessous indique la quantité des achats faits par la Régie, de 1856 à 1861.

ANNÉES	ALGER	CONSTANTINE.	ORAN.	TOTAL.
	kilog.	kilog.	kil.	kilog.
1856	2.380.511	233.919	312.710	2.927.140
1857	3.751.214	420.680	423.891	4.595.785
1858	3.941.681	329.157	504.205	4.775.043
1859	4.705.750	844.743	918.362	6.468.855
1860	2.161.954	674.010	458.040	3.294.004
1861	1.424.872	373.306	198.536	1.996.714

On évalue à un million de kilogrammes l'ensemble des produits livrés annuellement au commerce, tant. pour l'exportation, que pour la consommation locale.

La province d'Alger fournit, à elle seule, beaucoup plus de tabacs que les deux autres provinces réunies; les documents officiels en font foi; sans entrer à ce sujet dans de plus amples détails, nous rappellerons les chiffres afférents à 1856 et à 1861.

PROVINCES.	ÉTENDUES CULTIVÉES	
	1856.	1861.
	H. A. C.	H. A. C.
Alger.....................	2.509 66 56	1.386 28 00
Constantine..............	275 17 »	426 55 »
Oran...................	311 93 23	314 75 »

Ainsi que le démontre le premier de ces deux tableaux, les achats faits par l'administration ont sensiblement diminué de 1859 à 1861. Cela tient à ce qu'en 1860, de même que cela avait eu lieu en 1856, des intempéries ont nui à la culture du tabac, et qu'en 1861, les colons ont notablement réduit cette culture, pour donner plus d'extension à celle du blé ; il faut dire aussi, que des planteurs poussaient trop à la quantité, sans se préoccuper suffisamment de la qualité. C'était un faux calcul, dont ils sont revenus.

De l'ameublissement du terrain, du choix des graines, des soins donnés aux semis, puis à la transplantation, à l'écimage et à l'ébourgeonage des plantes, enfin et surtout, à la dessication des feuilles, dépend la valeur des produits. Il est constant qu'un hectare en tabac convenablement cultivé, peut donner un bénéfice net de 700 à 800 fr. Un pareil résultat mérite bien qu'on se donne de la peine pour l'obtenir ; toutefois, les frais de revient sont assez considérables, et les petits colons feraient sagement, croyons-nous, de n'entreprendre cette culture que sur une échelle restreinte et appropriée à leurs moyens.

—

COTON.

On distingue les cotons en *longue-soie* et *courte-soie* :

Parmi les premiers, les plus estimés sont ceux de Géorgie, de Bourbon, d'Egypte et de Cayenne. Le coton de Géorgie est le plus fin de tous et le plus doux, il est quelquefois légèrement rosé ; — celui de Bourbon est le plus uni et le plus égal des cotons ; — celui d'Egypte, dit *Jumel*, est long et nerveux ; — celui de Cayenne est fort et régulier.

Parmi les seconds, on préfère ceux de la Louisiane, de la Caroline et le coton Mobile.

La culture du coton date dés siècles les plus reculés : elle prit naissance dans l'Inde, bien avant l'ère chrétienne ; plus tard, elle fut importée en Egypte , — dont elle constitue, aujourd'hui encore, une des principales richesses, — puis en Arabie, puis en Espagne (Xe siècle) ; plus tard, en Chine, après la conquête des Tartares (XIIIe siècle) ; puis, enfin, en Italie et dans les Pays-Bas, où elle échoua (XIVe siècle). — En 1731, quelques planteurs d'Amérique songèrent à reprendre la culture du cotonnier, disparue du pays avec les peuples autochtones : d'abord insignifiante, cette culture s'étendit peu à peu, si bien que plusieurs cultivateurs réussirent à habiller leurs esclaves et à s'habiller eux-mêmes avec les produits de leur récolte. L'élan était donné : un surcroît de travail amena bientôt un surcroît de production, et les Américains purent exporter leur marchandise. En 1770, leurs exportations en coton se réduisaient à sept balles : aujourd'hui, ils expédient, année moyenne, 500 millions de kilogrammes.

La production totale, dans le monde entier, est évaluée au chiffre énorme de 1,936,675,000 kilog.— Ce chiffre est donné par le *Dictionnaire du Commerce*.

Si considérable qu'elle soit, cette production ne suffira bientôt plus aux besoins de l'avenir. Un Américain, le général Morse, a calculé que, depuis 1850, la consommation augmentait chaque année dans la proportion 6,2 p. 0/0, tandis que, pendant la même période, la production n'augmentait que de 5,4 p. 0/0.— Or, cette situation s'aggrave de jour en jour, et l'Europe est mise en demeure d'y pourvoir.

L'Algérie paraît appelée à jouer un rôle important dans la production de l'avenir : des essais qui se poursuivent depuis 1844 ont prouvé que le Géorgie longue-

soie, le Louisiane et le Jumel pouvaient aisément s'ac-
climater dans les trois provinces, et cette culture ne
saurait manquer de conquérir la place qui lui revient
dans le travail agricole et industriel de ce pays.

Les tableaux suivants indiquent la marche progressive des récoltes depuis 1852 :

ANNÉES.	NOMBRE de PLANTEURS	ÉTENDUES CULTIVÉES.	QUANTITÉS récoltées après égrenage dans les trois provinces.
1851—1852......	109	44 h. 94 a.	4.303 kil.
1852—1853......	592	474 »	18.932
1853—1854......	1.417	1.720 »	85.710
1854—1855......	726	1.530 »	71.310
1855—1856......	435	1.923 »	66.972
1856—1857......	494	1.500 »	93.070
1857—1858......	1.095	2.058 »	104.416
1858—1859......	426	1.475 »	106.431
1859—1860......	335	1.484 »	106.472
1860—1861......	356	1.209 10	158.642

TABLEAU par espèces et par quantités des récoltes dans chaque province, de 1851-1852 à 1859-1860

ESPECES.	PROVINCE D'ALGER.	PROVINCE de CONSTANTINE.	PROVINCE D'ORAN.	TOTAUX.
Géorgie longue soie	33.023 kilog.	12.209 kilog.	470.554 kilog.	515.786 kilog.
— courte-soie	12.781 »	106.167 »	18.400 »	137.348 »
— jumel	400 »	176 »	»	576 »
— Nankin,...	432 »	2.878 »	596 »	3.906 »
Totaux...	46.636 kilog.	121 430 kilog.	489.550 kilog.	657 646 kilog

Ces résultats, si faibles qu'ils paraissent au premier abord, ont cependant leur importance. Ils prouvent que la culture du cotonnier est définitivement adop-
tée par les agriculteurs algériens ; cette culture se déve-

loppera, le temps et les circonstances aidant. Déjà, du reste, les filateurs anglais, les Chambres de commerce du Hàvre, de Marseille, de Mulhouse et de Lille sont unanimes à reconnaître que la qualité de nos produits, qui laissait d'abord à désirer, s'améliore graduellement.

Un seul obstacle arrête encore nos planteurs : c'est la cherté de la main d'œuvre.

A vrai dire, les bras sont rares ; mais rien n'oblige les colons à entreprendre un travail hors de proportion avec les ressources dont ils disposent. Les grandes cultures aussi bien que les grandes industries, exigent toujours de nombreux capitaux, et c'est pour l'avoir oublié trop que plusieurs personnes ont éprouvé de cruels mécomptes. Le plus sage est donc de mesurer ses forces et de limiter les essais. Aujourd'hui, l'expérience acquise profite à tous ; les frais de revient sont moins élevés, et ils diminueront certainement le jour où les indigènes se mettront au service des Européens : — Ce jour arrivera.

En attendant, l'Administration accorde aux producteurs, sur son budget particulier, des primes décroissantes dont le Gouverneur-Général fixe annuellement la quotité, tant pour les produits exportés que pour ceux livrés directement à l'Etat. Ces primes seront données jusqu'en 1872 (Décret du 25 avril 1860). Tout tend à nous faire espérer que les sacrifices que le Gouvernement s'impose ne seront point perdus.

—

VERS A SOIE

—

(INDUSTRIE SÉRICICOLE.)

Depuis plusieurs années, les vers à soie sont frappés de maladies, et dans tous les pays producteurs, la récolte a sensiblement diminué. — Les éducateurs algériens ont eu particulièrement à souffrir de cet état de choses ; aussi l'Administration, qui s'était engagée à payer aux filateurs une somme de 12 francs par kilog. de soie filée provenant de cocons algériens, a-t-elle cru devoir, dans un intérêt bien entendu, modifier sa première décision ; et, sans diminuer la prime qui avait été conditionnellement offerte, elle permet aux filateurs d'acheter au dehors les cocons qui leur sont nécessaires pour leurs usines.

Nous résumons dans le tableau ci-après les opérations séricicoles de la dernière campagne (1861).

PROVINCES.	NOMBRE des éducateurs.	QUANTITÉS de graines mises en éclosion.	QUANTITÉS DE COTONS RÉCOLTÉS.				TOTAL de la RÉCOLTE.	SOMMES payées aux filateurs.
			1re qualité.	2e qualité	3e qualité	chiquᵉˢ		
		k. g.	k. g.	k. g.	k. g.	k. g.	k. g	fr. c.
Alger.	161	9 720	991 960	173 690	302 945	175 290	1 643 825	10 397 15
Oran	43	2 538	530 600	378 »	123 500	87 200	1.419 300	7 202 95
Constantinᵉ	53	2 995	351 150	98 970	81 293	136 190	1.443 745	7.988 64
	257	15 253	1873 650	650 660	507 740	398 680	4.206 870	25 588 74

Soit 15,253 grammes de graines ayant rapporté 4.206 kilogrammes 870 grammes de cocons.

—

VIGNES

Les vignes couvrent en France une superficie de 2.180.096 hect. et donnent, année moyenne, 45,805,000 hectolitres de vins : la vigne est donc une des principales richesses agricoles de la France.

Bientôt, elle deviendra une des richesses de l'Algérie. — Les colons et les indigènes ont compris, en effet, qu'ils avaient un intérêt réel à pratiquer cette culture dont les produits ont un écoulement certain, presque toujours immédiat, et ils se sont mis à l'œuvre.

La nature des cépages est variée : ceux qui existaient avant la conquête ont été tirés d'Espagne ; tous les autres sont français et proviennent de la Bourgogne, du Languedoc et du Roussillon. Une partie de la récolte est convertie en vins qui jouissent déjà d'une certaine réputation ; l'autre partie est consommée en grappes, soit après les vendanges, soit à l'état de conserves.

Voici les résultats de la dernière récolte :

LOCALITÉS.	SUPERFICIES cultivées.	RÉCOLTE en vins.	RÉCOLTE en grappes.
	H. A	HECT.	KIL.
Province d'Alger.........	2.339 05	24.550	824.470
— d'Oran	2.574 85	8.800	1.102.350
— de Constantine	637 34	3.101	355.800
TOTAUX	5.551 24	36.451	2.282.620

Le prix moyen de l'hectolitre est de 40 francs ; les raisins en grappe sont vendus, sur presque tous les marchés, à raison de 0 fr. 25 cent. le kilogramme. La récolte de 1861 a donc donné :

```
36.451 hectolitres à...  40 fr. 25 c.   1.458.040 fr.
2.282.620 kil. de raisin à. 10    25 c.     570.655
                                         ─────────────
                              Soit....   2.028.695 fr.
```

Les vins blancs de Médéah et de Mascara sont bons, mais trop capiteux. Les vins rouges des environs d'Alger, ceux de Milianah, d'Orléansville, de St-Denis-du-Sig et des environs de Bône rappellent les vins ordinaires de France, — et on est encore à la période des essais. Lorsque les viticulteurs algériens connaîtront mieux l'art de tailler la vigne et les procédés de fabrication, leurs produits acquerront une valeur double de ce qu'elle est aujourd'hui. Or, cela ne peut tarder.

—

ARBORICULTURE.

Presque tous les arbres fruitiers de la métropole ont été acclimatés dans le nord de la colonie, et donnent des fruits plus ou moins savoureux. La nomenclature en serait trop longue et n'apprendrait rien ; aussi, nous bornerons-nous à indiquer les essences indigènes qui produisent le plus. — Nous citerons :

L'amandier.— Il croît spontanément, mais dans les terrains secs. On en distingue plusieurs variétés : celles à coques dûres, dont l'une a l'amande douce et l'autre amère, — et celle à coques tendres, dite *à la Princesse*, plus délicate que les précédentes, et dont le prix est plus élevé.

Le Bananier.—Il donne en abondance des fruits aussi sains qu'agréables au goût. Ces fruits se groupent sur un axe commun et forment une sorte de grappe qu'on appelle *régime* ; chaque régime porte de 40 à 100 bananes : les unes, petites ou moyennes, sont mangées crues quelques jours après avoir été détachées de la plante ; les autres, beaucoup plus grosses, sont mangées cuites.

Le Dattier. — Il est pour les habitants du Sud ce que sont les céréales pour les peuples des pays tempérés. C'est l'arbre providentiel des Sahariens, car ses fruits constituent à la fois la nourriture des indigènes et leur principal produit d'échange. On en exporte une assez grande quantité.

Le Figuier. — Il abonde en Algérie ; ses fruits se divisent en deux classes : les blancs et les noirs. Les figues blanches sont les meilleures. La vente de ce produit forme une branche essentielle de revenus. Les fruits du *cactus* (figuier de Barbarie) constituent, pendant plusieurs mois de l'année, la base de la nourriture des Arabes.

L'Oranger. — Il croît dans toute la partie basse du Tell ; on le cultive plus spécialement dans la province d'Alger. — Les orangeries de ce département couvrent une superficie de 263 hectares 26 ares. Leur peuplement se compose, quant à la variété des espèces et au nombre de pieds, ainsi qu'il suit :

Orangers	76.385	pieds.
Limoniers	3.573	»
Cédratiers	1.588	»
Mélaroses	13.737	»
Chinois	2.250	»
Bigarradiers	1.272	»
Citronniers	1.416	»
Ensemble	100.221	pieds.

Au point de vue des *produits*, les documents statistiques présentent les relevés ci-après :

Cultures anciennes	37.419	orangers.
— nouvelles	13.458	»
Consommation	10.320.700	fruits.
Exportation	8.949.000	»
Revenu annuel	261.210	francs.

Le produit de la vente des fruits autres que les oranges, mais appartenant à la même famille, s'élève à 44.808 francs.

L'état que nous venons de reproduire est spécial, nous le répétons, à la province d'Alger ; dans les deux autres provinces, les orangeries sont rares, et les fruits qu'on récolte sont pour la plupart consommés sur place.

Les grandes cultures dont nous venons de donner la statistique ne constituent pas les seules sources de richesses de la colonie ; après elles, nous pouvons citer divers produits susceptibles de devenir la base d'un trafic important. Nous mentionnerons plus particulièrement : — parmi les produits végétaux · les essences, le crin végétal et plusieurs plantes textiles ; dans le règne animal : les sangsues, le corail, les peaux et les fourrures, les chevaux et le bétail.

Essences. — On fait, dans la parfumerie, une grande consommation de toutes les essences pourvues d'une odeur agréable : c'est avec ces essences qu'on prépare les eaux aromatiques, les pommades, les savons parfumés, etc., etc. Les plus usitées, sous ce rapport, sont celles de citron, d'oranges, d'amandes amères, de menthe, de roses, de cassie, de géranium et de jasmin. — La commune de Chéragas, dans l'arrondissement d'Alger, possède plusieurs distilleries. Les renseignements recueillis par l'administration constatent, pour 1861, un rendement de 16,944 litres en essences de toutes natures, dont le produit de vente est évalué à... 100.260 fr.
auxquels il convient d'ajouter pour la
    valeur de 900 kilog. de pommades et,
    de parfumeries fabriquées, 10,800 fr.
    ci«.................................. 10.800
                                ———————

       Soit, en valeur totale........ 111.060 fr.

Les distillateurs trouvent, à Paris et à Grasse (Var), le placement assuré de leurs produits : il est donc permis de croire que, dans un avenir peu éloigné, la fabrication des essences prendra, dans nos provinces, un large développement.

Crin végétal. — Par le peignage direct, sans rouissage, des feuilles du palmier-nain, on obtient une sorte de filasse qui, tordue, desséchée et enfin détordue, donne un fil contourné, simulant assez bien le crin animal : c'est le crin végétal. On l'emploie pour garnir économiquement les canapés, les coussins de voitures et les meubles à bon marché. Toulouse, Lyon, Marseille et Paris en consomment d'assez grandes quantités.

Le prix de vente est, en moyenne, de 13 fr. 50 les 100 kilog., quantité qui exige, récolte des feuilles comprise , quatre journées de travail; la rémunération est donc suffisante. — Il existe dans la banlieue d'Alger deux fabriques de crin végétal.

Plantes textiles. — *L'Alfa ou Sparte*, sert à fabriquer les ouvrages dits de Sparterie, tels que : paniers, couffins, cordes, et paillassons. Avec les feuilles du *Latanier* on confectionne de petits paniers à ouvrage et toutes sortes d'objets délicats; mais l'usage le plus important des plantes textiles de l'Algérie consiste dans la fabrication de la pâte à papier. On emploie, surtout dans ce but, le palmier-nain, l'alfa et le diss.

L'Aloès et le Bananier produisent aussi un excellent papier, mais ces végétaux peuvent à peine entrer en ligne avec les quantités considérables de matières à ouvrer qu'offrent à l'industrie le palmier-nain, le sparte et le diss. — Un certain nombre d'industriels algériens convertissent ces dernières plantes en pâtes à papier, et les envoient, sous cette forme, dans les fabriques de la métropole où elles sont particulièrement estimées. Il existe même dans l'arrondissement d'Alger, près du Gué de Constantine, une usine en pleine exploitation, qui livre au commerce des papiers fabriqués avec les plantes textiles du pays.

Sangsues. — Presque tous les marais de l'Algérie contiennent des sangsues. Ceux qui avoisinent Aumale, Constantine, Saint-Denis-du-Sig, Sidi-bel-Abbès, Tiaret, etc., en sont peuplés. — La sangsue d'Afrique rivalise avec les meilleures espèces connues. Des expériences, fréquemment renouvelées dans les hôpitaux de Paris, ont fait reconnaître que celles de l'espèce dite *dragon* possèdent une valeur médicale au moins égale à celle des sangsues des Landes ou de la Hongrie. — Le commerce les place au même rang.

Corail. — On le rencontre sur différents points de la côte, mais les bancs des environs de La Calle sont considérés comme les plus riches. On fait, avec ses branches montées sur or, de très jolies parures dont les indigènes et les italiennes sont particulièrement éprises. De là, une industrie toute nationale qui deviendra pour Alger, La Calle et Bône une source de revenus.

Le nombre des bateaux de tout pavillon qui prennent part à la pêche augmente chaque année. On évalue, quant à présent, à 40.000 kilogrammes le produit moyen de la pêche annuelle, représentant une valeur d'environ 2.300.000 fr. qui se répartit entre Gênes, Marseille, Livourne et Naples. Mais ces chiffres sont au-dessous de ce qu'ils devraient être, et de ce qu'ils seront prochainement. Les pêcheurs, en effet, reviennent en masse à la côte d'Afrique, qu'ils avaient un moment désertée.

Peaux et Fourrures. — Le lion et la panthère fournissent des fourrures estimées, mais nous ne les mentionnons ici que pour mémoire, ces animaux devant bientôt disparaître de la colonie où on ne les rencontre, d'ailleurs, qu'exceptionnellement. Les dépouilles du chacal, du renard et du lynx sont la base d'un trafic plus considérable· Le chacal est, en effet, la plus commune des bêtes fauves de l'Algérie. Parmi les oiseaux, les cygnes et les grèbes fournissent de coquettes fourrures, et les autruches, des plumes dont le mérite est connu. — Les peaux des animaux domestiques sont utilisées sur place, ou livrées à l'exportation.

Le tableau suivant donne, pour l'année 1861, la valeur des exportations relatives aux divers produits que nous venons de passer en revue :

MARCHANDISES EXPORTÉES.	VALEUR EN FR. 1861.
Crin végétal..............................	1.616.279
Sangsues.................................	51.600
Corail...................................	1.855,900
Peaux....................................	2.675.005

CHEVAUX

Tout le monde connait et apprécie la vigueur et la sobriété du cheval arabe.

Nous n'avons donc point à revenir sur un thème depuis longtemps épuisé, et il nous suffira d'exposer en peu de mots l'état actuel de la race chevaline en Algérie, et le mode de peuplement.

La population chevaline, âsine et mulassière, dans les trois provinces, est évaluée approximativement comme suit :

LOCALITÉS.	CHE-VAUX.	JU-MENTS.	MULETS.	ANES ET ANESSES	TOTAL.
Province d'Alger.	19 425	26 906	30 109	62.910	139.350
— d'Oran	12.184	18.963	8 877	56.195	96 219
— de Constantine. . . .	41.094	46.830	78·178	74.562	210.664
Totaux.	72.703	92.699	117.164	193.667	476.233

Ces ressources suffisent non seulement à pourvoir à la

remonte des régiments de cavalerie français et indigènes de l'armée d'Afrique, mais elles permettent encore de subvenir à celle d'un certain nombre de régiments qui, après un temps donné, quittent l'Algérie pour rentrer en France.

Le service de la remonte a dans la colonie la même organisation que dans la métropole. Il y existe trois dépôts : l'un à Blidah, pour la province d'Alger ; — le second à Mostaganem, pour la province d'Oran ; — le troisième à Constantine, pour cette dernière province. Un chef d'escadron est placé à la tête de chaque dépôt; il est secondé par un certain nombre de capitaines qui sont chargés des achats. Une *Compagnie de remonte* est attachée à chaque dépôt pour le service de conduite des chevaux, et pour les soins à leur donner dans les écuries du dépôt, jusqu'à livraison aux corps de troupe et aux officiers à monter.

Le service est centralisé à Alger, sous la haute direction du Gouverneur-général, entre les mains d'un colonel, qui prend le titre de *Directeur des remontes et des établissements hippiques.*

En outre des achats de chevaux pour le service de l'armée, les remontes sont chargées des *Etalons Impériaux* que le Gouvernement entretient pour le perfectionnement de la race chevaline. Il existe, aujourd'hui, 183 étalons impériaux, et 5 baudets- étalons impériaux.

Ces géniteurs seraient insuffisants pour satisfaire dans de bonnes conditions aux besoins de la remonte ; aussi leur a-t-on adjoint des étalons dit *étalons des tribus*, achetés et entretenus sur les fonds du budget des centimes additionnels. Il existe en ce moment 536 étalons et 82 baudets de tribus.

Au moment de la monte, ces différents géniteurs sont conduits dans un certain nombre de stations, où les éleveurs européens et indigènes sont admis gratuitement à leur offrir la saillie de leurs juments.

Les étalons de l'une et de l'autre catégorie ont sailli, dans la dernière campagne (1861). 24.369 juments.

Les baudets étalons........... 4.339   —

En tout...... 28.708 juments.

Ce n'est point là, d'ailleurs, le chiffre total de la production à espérer pour 1862, car beaucoup d'autres saillies ont dû être faites en dehors de nos établissements,

En 1856, on ne comptait que 16.777 juments saillies: 11,656 par des étalons de tribus, et 5.121 par les étalons impériaux. Il y a donc progrès sensible.

De nouveaux et de sérieux efforts doivent être faits pour développer la race chevaline : c'est ainsi que le gouvernement projette l'établissement prochain en Algérie d'un haras où seront réunis des étalons et des juments de choix, de sang oriental et de sang barbe, que l'on fera croiser dans les meilleures conditions, afin d'obtenir des étalons tant pour les haras de France que pour l'Algérie elle-même.

Le prix des chevaux varie suivant les formes, la taille et l'âge de ces animaux . — Un *cheval de troupe*, c'est-à-dire ayant la taille exigée par les réglements militaires (1 mètre 44 centimètres de haut) coûte, en moyenne, de 6 à 800 francs ; le prix d'un cheval de taille moindre varie, suivant les besoins du moment, de 75 à 300 francs ; —quant aux chevaux de race pure, leur prix est toujours très-élevé.

—

BÉTAIL

D'après les recensements opérés par l'Administration pour établir l'impôt indigène, l'Algérie possède environ *un million* de têtes de l'espèce bovine, et *dix millions* de bêtes à laine , y compris le bétail appartenant aux colons. — Un rapport, dressé en 1860 par le commandant de la division d'Alger, fait ressortir avec une grande clarté les avantages multiples que retireraient les habitants de la colonie s'ils se livraient avec suite à l'élevage des bestiaux. Nous puiserons dans ce rapport une partie de nos observations.

Les européens et les indigènes réunis (environ 3.000.000 habit.) sont à peu près, par rapport au territoire algérien (46.000.000 d'hect.) dans la proportion d'un individu par 15 hectares. On compte pour toute l'étendue du territoire une tête de l'espèce bovine par 40 hectares environ, et une bête ovine par 4 hectares. Si, en lisant ces chiffres, on songe au climat de la colonie, à l'étendue et à la nature de ses pâturages, aux habitudes pastorales des indigènes, au peu de monde qu'exige la surveillance d'un troupeau nombreux ; si on se rappelle, enfin, que chaque année la France porte à l'étranger plus de soixante millions de francs pour acheter les laines qui lui manquent, on arrive à cette conclusion que l'industrie lainière doit devenir pour l'Algérie une source permanente de revenus.

Déjà, l'Espagne tire de nos trois provinces un nombre appréciable de bêtes bovines ; mais le bétail, mal soigné et surtout mal nourri des indigènes, est d'une qualité très inférieure. Aussi, les acquéreurs sont-ils obligés de l'engraisser avant de le livrer à la consommation.

Les dix millions de bêtes ovines produisent, chaque année, cent cinquante mille quintaux de laine en suint. On en exporte quarante mille quintaux environ : les autres laines sont consommées par les fabriques des Beni-M'zab, des Beni-Abbès et des autres tribus de l'intérieur, ou employées à la confection des tentes. En terme moyen, la toison en suint pèse un kilogramme cinq cents grammes, et se vend 1 fr. 50 cent. Il est facile d'augmenter cette moyenne de 1 fr. 50 cent. et de doubler peut-être le chiffre des bêtes ovines sans frais considérables pour les éleveurs. L'expérience, en effet, a démontré qu'un troupeau bien dirigé et placé dans de bonnes conditions, a une marche ascendante tellement rapide quant au chiffre de la reproduction, qu'après un certain nombre d'années, il donne un revenu égal au capital primitivement engagé. Colons et indigènes peuvent donc se livrer hardiment à la multiplication et au perfectionnement du bétail.

En agissant avec une persistante ténacité, avec un esprit de suite et d'observation, il serait possible de faire de notre colonie une seconde Australie pour la production des laines, avec cette différence que nous ne sommes qu'à 48 heures de Marseille. — Que faut-il pour obtenir un pareil résultat ? Multiplier et améliorer la race ovine.

—

MINES ET CARRIÈRES

Mines.— Les richesses minéralogiques de l'Algérie sont remarquables à plus d'un titre. Depuis longtemps déjà, des hommes dont le nom fait autorité, — Messieurs Garella, Fournel et Ville — ont soumis à l'Académie des sciences le résultat de leurs observations, et il est aujourd'hui parfaitement avéré que le fer, le cuivre, le mercure et le plomb abondent dans les trois provinces.

Plusieurs concessions de mines ont été faites depuis vingt ans : quelques-unes sont abandonnées, le capital ayant fait défaut ; d'autres sont en pleine exploitation : économiquement gérées, elles fournissent au commerce des produits estimés et occupent une classe nombreuse de travailleurs, tant européens qu'indigènes.

Le tableau ci-dessous précisera la nature et l'importance des gissements.

Mines actuellement concédées (1862).

NOMS DES CONCESSIONS.	NATURE DU MINERAI.	ÉTENDUE.
		HECT.
PROVINCE D'ALGER.		
Mouzaïa.	Cuivre gris, fer.	5.363
Oued Allelah (Ténès)	Cuivre pyriteux	2.320
Oued Tafilales (id.)	id.	1.249
Cap Ténès (id.)	id.	1.138
Oued Merdja (id.)	id.	1.255
Beni Ak'il	Cuivre gris.	4.476
PROVINCE DE CONSTANTINE.		
Bou Hamra.	Fer.	1.375
Meboudja.	id.	1.405
Karézas.	id.	1.438
Aïn Morkha.	id.	1.996
Kef-Oum-Theboul	Plomb, cuiv. zinc	1.050
El Hamimate.	Antimoine.	1.090
Filfila.	Fer.	1.676
Ras-el-Mah	Mercure.	1.336
PROVINCE D'ORAN.		
Gar-Rouban.	Plomb argentif. et cuivre.	3.380

Ainsi, *quinze* mines ont été concédées dans toute l'Algérie, et l'ensemble de leur superficie embrasse une étendue de 30.576 hectares.

Mais la situation est loin d'être ce qu'elle devrait être . *Quatre* mines seulement sont en exploitation.

1° Celle de Karézas. — On en a extrait, l'année dernière, 158.804 quintaux de minerai de fer, dont le cinquième a été fondu à l'usine de l'Alélick, près Bône. Elle fournit de la fonte aciéreuse très-recherchée par les fabricants d'acier.

2° Celle de Kef-oum-Teboul. — En 1860, elle a donné 26.566 quintaux de plomb argentifére et aurifère, mélangé de cuivre et de zinc ; elle occupe 213 ouvriers, 10 mulets et 2 machines à vapeur d'une force totale de 45 chevaux.

3° Celle de Gar-Rouban. — On en a extrait, pendant la dernière campagne, 26.275 quintaux de plomb argentifère mêlé de cuivre. Elle occupe 550 ouvriers, 21 mulets et 2 machines à vapeur d'une force de 25 chevaux.

4° Celle de Ras-El-Mah. — Très-riche en sulfure de mercure que l'on traite sur place, et qui donne de remarquables produits : elle occupe 60 ouvriers presque tous indigènes.

Ces quatre exploitations sont en voie de prospérité. On expédie en Angleterre et en France la plus grande partie des minerais, qu'on livre au commerce bocardés et lavés ; le reste est traité et livré sur place. — La valeur totale de tous les produits, bruts, exportés d'Algérie, varie de 2 à 3.000,000

Ainsi que nous l'avons dit, ces quatre concessions sont les seules qu'on exploite actuellement.

La mine de cuivre de Beni-Akil est encore improductive, mais la période d'installation sera bientôt franchie.

Quatre autres mines ont été abandonnées par les concessionnaires dont la mise de fonds se trouvait épuisée.

Enfin, les *six* autres concessions ne sont point exploitées, parce que les concessionnaires attendent, pour commencer les travaux, que les prix de main-d'œuvre soient abaissés et les moyens de transport rendus faciles par la création de routes ou de canaux.

En outre des mines concédées, il existe, dans les trois provinces, un certain nombre de gissements dont l'exploration a été autorisée pour être faite aux risques et périls des demandeurs, et qui deviendront, s'il y a lieu, l'objet de concessions définitives. — Le Gouverneur-Général peut, à titre gracieux, abandonner aux permissionnaires l'entière et libre disposition des minerais par eux extraits.

Toute exploitation de mines exige une avance assez considérable de capitaux, et comme le succès est toujours aléatoire, l'Administration ne concède un gisement métallifère qu'après avoir fait reconnaître par le service des Mines la nature du terrain, la puissance des filons découverts et la nature des minerais. Si donc quelques-unes des concessions déjà faites sont encore inexploitées, c'est qu'il a plu aux concessionnaires d'interrompre ou d'ajourner l'exploitation. Cette situation est fàcheuse, sans doute, mais elle ne compromet point l'avenir : lorsque les capitaux seront moins ombrageux et les industriels moins pressés de toucher des dividendes, l'exploitation régulière et continue des mines de l'Algérie contribuera, pour une large part, à la fortune de la métropole.

En effet, la France, moins riche que beaucoup d'autres pays en produits minéralogiques, est obligée de demander à l'étranger les métaux qui lui manquent. C'est ainsi qu'elle achète, année moyenne :

> Cuivres .... 50 millions.
> Fers .... 30 —
> Zinc........... 14 —
> Plomb.......... 13 —

soit pour une valeur totale de 107 millions.

Or, nous le répétons, on trouve abondamment en Algérie, du cuivre, du fer, du zinc, du plomb argentifère, de l'antimoine et du mercure. L'ensemble de ces gissements représente une valeur immense, et il est véritablement déplorable de voir les capitalistes français se refuser obstinément à tenter en Afrique de sérieuses entreprises. — Rien ne saurait justifier leur parti pris d'*attendre*. Qu'attendent-ils donc ? Les mines sont riches, les voies de communication faciles, et l'expérience a démontré que les indigènes peuvent devenir d'excellents mineurs. Si nombreux que soient les travaux, les ouvriers ne manqueront point.

La grande objection faite contre l'exploitation des gîtes métallifères algériens est tirée du manque de combustible minéral ; mais, pour tirer immédiatement parti des minerais extraits, est-il besoin d'élever sur les lieux mêmes de coûteuses fonderies? — Les minerais, chargés en lest sur les navires marchands, seraient d'un transport peu élevé et auraient leur placement assuré soit en France, dans les forges voisines des houillières de la Grand'Combes où l'on traite les cuivres exportés d'Amérique, soit en Angleterre, dans les nombreuses usines de Swansea.

L'exploitation des mines de l'Algérie offre donc, dès à présent, aux compagnies industrielles, toutes garanties de succès. Il est à désirer qu'on le comprenne en France.

Carrières. — L'Algérie est également riche en substances minérales non métalliques. On y trouve partout, et en abondance, de la pierre de taille, du moëllon, du plâtre, de la pierre à chaux et de la terre à briques. Ce sont là des ressources précieuses pour les colons qui peuvent se construire, à bas prix, une maisonnette et des hangars qu'ils recouvrent soit avec du diss, soit avec des briques séchées au soleil L'argile de poterie existe également. On la trouve et on l'exploite dans les trois provinces. La fabrique du *Ruisseau*, près d'Alger, celle d'Arzeu, dans la province d'Oran, celles d'El-Arrouch et de Milah, dans la province de Constantine, livrent au commerce des produits très-recherchés en raison de lenr forme élégante, qui rappelle les plus beaux modèles d'Espagne. — La poterie kabyle, surchargée de couleurs capricieusement disposées, est achetée comme spécimen de l'art indigène par les Européens qui visitent le pays, et se débite sur tous les marchés arabes.

Les grès secondaires qui s'étendent au sud de Bône renferment des gissements de meulières comparables, pour la qualité, aux pierres même de la Franconie, et peuvent être employées utilement dans les moutures économiques; enfin, on trouve sur la route de Dellys à Alger des gissements considérables de pierres lithographiques.

Les marbres ont une bien autre importance ; — on cite, comme les plus remarquables :

Dans la province d'Alger: — les marbres gris, veinés de rouge, tirés des carrières qui avoisinent le cap Matifou ;

Dans la province de Constantine : — les marbres du Fort-Génois (à 4 kilom. de Bône), essentiellement propres à la fabrication des tables, ainsi qu'au dallage des cours et au revêtement des cheminées; ceux de Filfila, près de Philippeville, qui, au dire d'experts, rivalisent avec les marbres si renommés de Carrare, et peuvent fournir à la statuaire de précieuses ressources ;

Dans la province d'Oran:—les marbres d'Aïn-Ouïnkel, (près d'Arzeu,) veinés de rose et de rouge acajou; enfin, les marbres onyx découverts récemment aux environs de Tlemcen, et que l'on croit être l'albâtre translucide des Romains. « C'est un onyx ou agate calcaire, rivalisant avec l'agate ou onyx siliceux pour les accidents veineux ou de coloration. Sa dureté, souvent égale à celle du silex, lui permet de prendre un poli admirable; sa grande transparence, la variété de ses tons, depuis le blanc neigeux pur ou coloré de rose et d'incarnat, le jaune clair ou foncé, le brun, le vert translucide comme la nappe de l'océan, jusqu'aux aspects argentés et irisés de la nacre, le font rechercher pour l'ornementation des édifices aussi bien que pour la confection des objets d'art et de luxe (1). » — Les coupes, vases, tablettes et baguiers en marbre translucide, qu'on admire à l'Exposition permanente de l'Algérie, proviennent de ces carrières.

Salines — Il existe en Algérie plusieurs mines de sel gemme : les plus importantes sont celles du Djebel-Sahari dans la province d'Alger, de M'sila dans la province de Constantine, et d'Aïn-Témouchent dans celle d'Oran.

Les lacs salés sont nombreux, surtout dans la province de l'Ouest. Quelques-uns sont exploités : le lac de Misserghin est affermé 2.000 fr. par an ; celui d'Arzeu 4.000 fr.; celui de Bougia 2.355 fr.

On trouve également dans les trois provinces nombre de marais salins et de sources salines : les Zahrez, Guérah-el-Mersah, Hanck-el-Djemel sont les marais les plus considérables ; — les salines de la province de Constantine seront prochainement mises en adjudication ; celles de Bouzian (province d'Oran), sont affermées 10.000 francs.

Enfin, il existe aux environs de Dellys (province d'Alger), une saline artificielle où s'approvisionnent les Kabyles.

—

BOIS ET FORÊTS.

Les principaux massifs reconnus en Algérie couvrent un espace de un million, huit cent un mille, huit cent cinq hectares, ainsi répartis :

Province d'Alger............ 260.000 hectares.
Id.   d'Oran............ 450.805   id.
Id.   de Constantine..... 1.091.000   id.

Ensemble............ 1.801.805 hectares.

Les essences dominantes sont : le chêne-liége, le cè-

(1) Agriculture et colonisation de l'Algérie (1860).

dre, l'orme, le frêne, le thuya, le chêne à gland doux, le chêne zéen, le génévrier, le lentisque, le pin d'Alep et l'olivier. — Nous ne parlerons ici que des espèces propres aux constructions et à l'ameublement.

Bois de construction. — CHÊNES. — L'Algérie produit quatre espèces de chênes :

1° Le *chêne-liége* ; — il est surtout répandu dans la province de Constantine : les forêts de La Calle, de l'Edough et du Filfila en sont peuplées. On le trouve également dans la grande Kabylie, au sud de Dellys. Son bois est très solide ; son écorce fournit le liége de commerce, employé à divers usages, et particulièrement à la confection des bouchons.— Les Kabyles s'en servent, en guise de tuiles, pour couvrir leurs maisons.

Le liége est, en tout pays, l'objet d'un commerce considérable : aussi, dans le but d'utiliser les richesses forestières dont les indigènes ne tiraient, presque, aucun parti, l'Administration a concédé à des particuliers une certaine quantité d'hectares peuplés de chênes-liéges. La durée de ces concessions, limitée d'abord à 40 ans, vient d'être prorogée, et toutes les concessions faites ou à faire seront désormais régies suivant un nouveau cahier des charges dont nous indiquerons, ci-après, les principales dispositions ;

2° Le *chêne à glands doux*, — dont le fruit peut, jusqu'à un certain point, remplacer la châtaigne. Son bois est très dur ;

3° Le *chêne-vert*, — au feuillage épais et au bois solide ;

4° Le *chêne-zéen*, — dont le bois est essentiellement propre aux constructions navales.

LE CÈDRE. — Il est très répandu dans les provinces d'Alger et de Constantine ; il a souvent 18 et même 20 mètres de haut sur 5 et 6 mètres de tour. — Ses dimensions gigantesques le rendent propre à la charpente comme pièce de longue portée. Sa raideur est égale à celle des sapins de Lorraine. Il est résineux, sans essence coulante, facile à travailler à la scie, à la hache, au rabot. Comme bois d'ébénisterie, il convient dans les placages d'intérieur par sa couleur, sa veine, et surtout par son odeur agréable.

LE FRÈNE, — Dont les bois fournissent de bons bois de charronnage ; son feuillage procure aux bestiaux une abondante nourriture ;

L'ORME, — Qui atteint de grandes dimensions, et dont le tronc est employé dans la charpente;

LE LENTISQUE, — Dont le bois d'une belle couleur foncée est utilement employé en ébénisterie. Il forme, sur certains points de la colonie des massifs impénétrables. Ses fruits fournissent une huile qui peut remplacer l'huile de pied-de-bœuf pour le graissage des machines, et l'huile d'olive pour le graissage des laines. Les feuilles servent à la tannerie.

LE PIN,— Particulièrement propre aux constructions navales, et dont les produits résineux trouvent dans le commerce un écoulement facile.

Bois d'ameublement. — Presque tous les bois d'Afrique sont propres à l'ébénisterie : il en est un, cependant, qui mérite une mention particulière ; — c'est le *Thuya*. — Voici en quels termes il est apprécié dans un rapport officiel : « Aucun bois n'est aussi riche de mouchetures, de moires ou de veines flambées que la souche du *thuya*. Ses dispositions présentent beaucoup de variétés; son grain, fin et serré, le rend susceptible du plus parfait poli ; ses tons chauds, brillants et doux, passent, par une foule de nuances, de la couleur de feu à la teinte rosée de l'acajou. Il réunit tout ce que l'ébénisterie recherche en richesse de veines et de nuances dans les différents bois des îles. » — Les fabricants d'ébénisterie de Paris ont été unanimes à reconnaître la supériorité de richesses et de qualité du *thuya* dont il se fait, aujourd'hui, un commerce important.

Mais de tous les arbres qui croissent en Algérie, le plus utile et le plus productif, c'est l'olivier.

L'OLIVIER, a dit un agronome ancien, est le premier des arbres : « *oléa omnium arborum prima* » Il prospère en Afrique, à toutes les températures et atteint souvent des proportions considérables : c'est ainsi que beaucoup mesurent à leur tronc jusqu'à dix mètres de circonférence. — Sa production spontanée, sa vigoureuse croissance, sa multiplication naturelle sur tous les points du pays lui donnent une importance exceptionnelle.

La statistique forestière évalue à 62,000 hectares, environ, l'étendue des massifs compactes des peuplements d'oliviers. Quant à présent, ces arbres produisent peu ; mais cet état de choses se modifiera bientôt : les colons et les indigènes n'ont qu'à vouloir : il suffira qu'ils greffent leurs arbres.

Pour donner une idée du bénéfice que peut procurer, dans une période prévu, l'exploitation des oliviers, nous emprunterons à un travail spécial les chiffres suivants :

Dans une exploitation bien entendue, la dépense d'une opération sur des peuplements d'oliviers sauvages se résume, pour un hectare, ainsi qu'il suit :

1° Débroussaillement du sol, abattage des arbres surabondants, ébranchage des arbres à greffer, culture profonde du sol, — cinq cents francs, ci......   500 fr.

2° Greffages, à 10 greffes par chaque arbre, et à 0 fr. 20 c. par chaque greffe réussie, —soit, pour cent arbres, deux cents francs, ci.................... ....   200 »

Total....   700 fr.

PRODUIT D'UN HECTARE A 100 ARBRES.

AGE de l'arbre.	RENDEMENT par arbre.	RENDEMENT par hectare.
	F. C.	F.
A la 2ᵐᵉ année.....	0.60	60
A la 4ᵉ.............	1.20	120
A la 6ᵉ.............	2.50	250
A la 10ᵉ............	19. »	1.900

Produits.... 1.900
Dépenses... 700

Bénéfice.... 1.200

Concessions forestières. — Les forêts font partie du domaine de l'Etat. — L'Administration en concède l'exploitation, moyennant certaines redevances proportionnelles à l'importance du peuplement et à la nature des essences. C'est ainsi que des concessions ont été faites, avant 1861, soit pour une période de 40 ans, soit à titre provisoire. Mais, aux termes d'un arrêté récent (26 mai 1861), toutes ces concessions doivent être prorogées pour une période calculée d'après la date de leur mise en rapport, et pour prendre terme en 1950.

D'autres massifs doivent être livrés prochainement à la colonisation ; le service des forêts résume comme suit l'ensemble des concessions déjà faites, et de celles à faire en 1862 :

Dans la province d'Alger : — Sur une contenance totale de 260.000 hectares, 626 hectares peuplés de chênes-liège sont déjà concédés; 11.432 hectares sont demandés; 17.362 sont disponibles. — Enfin, 30.000 hectares peuplés de pins d'Alep seront concédés en 1862.

Dans la province d'Oran : — Sur une contenance totale de 450.805 hectares, 8.800 hectares de chênes-liége seront concédés en 1862; — 5.957 hectares d'oliviers sauvages sont actuellement concédés, et 2.000 hectares de chênes-zéen sont disponibles.

Dans la province de Constantine : — Sur une contenance totale de 1.091.000 hectares, 101.058 hectares de chênes-liége sont aujourd'hui concédés; 133.246 hectares sont l'objet de demandes particulières, et il reste de disponible 54.434 hectares de mêmes essences. — 23.000 hectares de chênes-zéen ont été affermés pour 18 ans (le bail prendra fin en 1879); — 5.450 hectares ont été concédés; 20.350 hectares sont demandés, et 7.000 hectares, environ, sont disponibles.

La province de Constantine est, on le voit, particulièrement riche en forêts ; sur les concessions déjà faites (nous ne parlons que des concessions de chêne-liége), des travaux considérables ont été exécutés pour leur mise en rapport. Ces travaux consistent en démasclages, constructions de maisons, routes, sentiers muletiers, débroussaillement; etc.; leur valeur n'est pas moindre de quatre millions de francs.

On n'a pas, cependant, exploité que le chêne-liége : depuis plusieurs années et dans les trois provinces, diverses exploitations de bois de cèdre, thuya, ormes, frênes, bois d'œuvres et de feu ont été faites à titre d'essai, et sur une assez vaste échelle. Les produits réalisés ont donné des bénéfices tels que le nombre des exploitants à presque doublé.

Ainsi affermées, les forêts de l'Algérie procurent à l'Etat des revenus appréciables; mais pour connaître leurs production réelle, il convient d'ajouter à la somme des redevances payées par les concessionnaires le prix des bois livrés gratuitement, soit à des compagnies industrielles dont les usines ou les chantiers sont en Algérie, soit aux populations indigènes. — Or, pour l'année 1860, cette production est évaluée comme suit :

	Produits réalisés	Délivrances gratuites
Province d'Alger	34.258 fr.	65.000 fr.
— d'Oran	25.000	25.000
— de Constantine	74.000	97.000
	133.258 fr.	187.000 fr.
Total		320.258

L'année suivante (1861), les forêts ont rapporté 400.000 francs. — Bientôt elles deviendront, par la seule exploitation des liéges, une source très importante de revenus aussi bien pour les concessionnaires que pour l'Etat lui-même ; — nous allons le démontrer : .

Les concessions définitives et provisoires de forêts de chênes-liége portaient, au 1er janvier 1862, sur une superficie de 101.684 hectares, et il restait à concéder dans les trois provinces 223.274 hectares environ.

Aux termes du nouveau cahier des charges (10 mai 1861), dont nous avons parlé, les forêts de chênes-liége sont concédées pour une durée de 90 années consécutives. La concession est expressément consentie, à charge par le concessionnaire « d'améliorer le domaine forestier, de mettre, tenir et rendre, quand le moment sera venu, la forêt dans le meilleur état d'entretien, d'exploitation et de rapport. » En outre, le concessionnaire paie à l'Etat une redevance annuelle et fixe, par hectare, et une redevance proportionnelle sur les bois d'œuvre. — La redevance par hectare est due à partir seulement dn 1er janvier de la dixième année du bail, et court jusqu'à la dernière année, inclusivement, soit pendant une période de 80 ans ; elle est fixée d'après le tarif suivant :

NOMBRE D'ARBRES.	PENDANT LES PÉRIODES DE							
	11 à 20	21 à 30	31 à 40	41 à 50	51 à 60	61 à 70	71 à 80	81 à 90
Au-dessous de 100 arbres.	0 75	1.25	1 75	2 25	2 75	3.25	3.75	4.25
de 101 à 150....... .	1.00	1.50	2 00	2 50	3 00	3.50	4.00	4 50
de 151 à 200....... .	1.25	1.75	2.25	2 75	3.25	3 75	4.25	4.75
de 201 à 250........	1.50	2.00	2.50	3.00	3.50	4.00	4.50	5.00
de 251 à 300........	1.75	2.25	2.75	3 25	3.75	4.25	4.75	5.25
de 301 et au-dessus.	2.00	2.50	3.00	3.50	4 00	4.50	5.00	5.50

La longue durée des concessions est motivée par cette double considération qu'il faut, d'une part, beaucoup de temps pour la régénération des forêts, et qu'il est juste d'autre part, de laisser aux fermiers un temps de jouissance assez long pour qu'ils puissent profiter des travaux par eux effectués.

Prenons un exemple : — Des calculs ont été faits avec un soin particulier, par l'Administration supérieure, et sur les données d'individus essentiellement pratiques. Or, suivant ces calculs, les dépenses résultant de la mise en valeur d'un lot contenant 3.000 hectares de chêne-liége s'élèvent à la somme de 302.400 fr. qui, avec l'intérêt composé de cette somme au taux de 10 0/0, porte le *quantum* de la dépense à 551.858 fr., après une période improductive de dix ans. Après la onzième année du bail, les concessionnaires commenceront à récolter des produits, et ces produits augmenteront d'autant plus à chaque nouvelle période de dix ans que les forêts seront mieux aménagées ; puis, en fin de compte, c'est-à-dire après un certain nombre de récoltes (la 53e ou 63e année du bail), ils auront amorti le capital engagé, et réaliseront chaque année un bénéfice de 36,153 fr., les intérêts non compris.

Les intérêts de l'Etat ne sont pas moins bien sauvegardés : les calculs qui ont servi de base à l'assiette des fermages établissent qu'une concession de cent mille hectares peuplés de chênes-liége, affermée aux conditions ci-dessus énoncées, a pour double résultat : 1° de régénérer les forêts par les travaux de toute nature imposés aux exploitants ; 2° de donner au Trésor, en fin de bail et au minimum, 26 millions de francs. Or, l'Algérie possède, à l'heure présente, 324,960 hectares peuplés de chênes-liége.

—

INDUSTRIE.

L'industrie algérienne est encore à l'état rudimentaire : quelques usines, cependant, fonctionnent et prospèrent; c'est ainsi que nous citerons les belles minoteries d'Alger, de Blidah et de Milianah ; les fabriques de sparterie, de pâtes à papier et de crin végétal, dans la province d'Alger; les hauts fourneaux de l'Alélick, près de Bône, qui fournissent au commerce d'excellente fonte aciéreuse; les usines de Kef-oum-Teboul, près de La Calle, et de Gar-Rouban, près de Tlemcen, où se traitent les minerais de cuivre et de plomb-argentifère; celle de Ras-el-Mah, près de Jemmapes, où l'on traite le mercure, et celle de Saint-Denis-du-Sig, où l'on égrène le coton.

Les Indigènes ont des industries particulières, en rapport avec leurs instincts : les Arabes confectionnent des bournous, des haïcks, des tapis estimés, des babouches et des fichus lamés d'or et d'argent : les Kabyles fabriquent des poteries originales, des fusils dont la crosse est incrustée d'ivoire, des sabres à la lame tranchante, des poignards au fourreau ciselé.

Enfin les Juifs confectionnent les menus objets d'or-févrerie, — bracelets en corail, colliers à piécettes, bagues montées en rubis, et vendent aux riches arabes des vêtements soutachés d'or.

—

COMMERCE.

Le commerce de la colonie est peu considérable; ce qui le constitue particulièrement, ce sont les importations de France et de l'étranger, et l'exportation des produits algériens.

Le mouvement commercial se répartit comme suit :

Marchandises importées :

Les tissus de toutes sortes; les vins, les eaux-de-vie, les farineux alimentaires, le sucre, le café, les fromages et autres denrées comestibles; les savons, les peaux préparées et ouvrées ; les matériaux à bâtir, le fer, la fonte, l'acier; les ouvrages en métaux, la poterie, la faïence , la porcelaine, les verreries et les cristaux ; les tabacs etc., etc.

Marchandises exportées :

Les huiles d'olives ; les peaux brutes, les plumes d'autruche, les laines en masse, la soie en cocons et grège, le coton, différents minerais ; le corail, les tabacs en feuilles, les céréales en grains ; la viande sur pied; le liége brut ; les bois de myrte et thuya ; quelques ouvrage en sparterie ; les produits variés de l'industrie indigène ; les fruits, les primeurs, les essences ; le crin, végétal, les sangsues et les plantes textiles diss, alpha, agave, propres à la fabrication de la pâte à papier.

Les tableaux ci-après indiquent le mouvement commercial de la Colonie en 1856 et en 1861. Le commerce *général* (1) y figure seul, tant pour les exportations que pour les importations.

---

(1) On entend par commerce *général*, le commerce fait entre une contrée et toutes les autres contrées du globe, indistinctement; par commerce *spécial*, le commerce que deux pays font exclusivement entre eux.

Il est à remarquer que la valeur en francs attribuée aux produits importés et exportés, a été fixée d'après les tarifs établis, en 1844, par la Direction générale des Finances. Depuis cette époque, le prix de la plupart des articles a augmenté; le total des importatations et des exportations donne donc, en réalité, une somme très-supérieure à celle que nous indiquons.

IMPORTATIONS

TABLEAU comparatif des principales marchandises importées en Algérie pendant les années 1856 et 1861. (Commerce général.)

DESIGNATION DES MARCHANDISES.	UNITÉS.	EXERCICE 1856.		EXERCICE 1861	
		TOTAL.	VALEURS en francs.	TOTAL	VALEURS en francs.
Viandes salées	kilog.	1.152.982	1.152.982	479 191	479 191
Graisses, Saindoux	id.	371.679	282.558	480.844	384.675
Fromages	id.	857.651	1.286.477	832.595	1.248.892
Poissons	id.	436.867	151.881	413 785	124.135
Farines de froment	id.	4 241 235	1.272.669	3.885.151	1.465 545
Pommes de terre	id.	3.5'5 716	351 572	5 185.328	518.533
Legumes secs leurs farines	id.	1.338.662	331 665	1.276.502	349.125
Riz	id.	1.443.285	577.314	1.258.158	503.263
Fruits. Frais	id.	4.220.040	844 008	3 271.912	774.381
Fruits. Secs ou tapés	id.	664.976	452 680	543.544	433.219
Fruits. Oléagineux	id.	539.096	357.162	655.612	389.353
Sucres Bruts et terrés	id.	749.576	449.626	812.900	487.740
Sucres Raffinés	id.	8.168 105	5 168.105	5.350.687	5.350.687
Cafés	id.	1.933 925	2.320 710	2.046.898	2.046.898
Piment commun	id.	31.739	55 582		91.067
Tabacs en feuilles ou côtes	id.	1.275.913	1.401.437	867.711	1.128.024
Tabacs fabriqués	id.	48 718	110.120	63 533	317 665
Huiles. d'olives	id.	514 489	514 489	288.248	288 248
Huiles. de graisse grasse	id.	868 640	955.541	1.478.727	1.626.600
Bois à const. de tout" sortes. Bruts ou équarris à la hache	stère.	13.271	340.775	12.523	313.075
Sciés, ayant moins de 80m d'épais.	mètre	2.565.087	1.285.008	1.756.228	790.303
Matériaux	valeur	1.010 384	1.010.381	1.125 444	1.125 444
Houille	quint	329 092	986.527	347 886	1.013.658
Fonte, fer et acier	kilog.	2.911.283	1.219.399	2.770.791	1.275.341
Savon ordinaire	id	2 239.401	1.568 894	2 794.096	1.955 867
Acide stéarique ouvré	id.	372.148	1.426.403	363.493	1.090.485
Vins de toutes sortes	hectolitre	251.230	5.848 028	347.288	8.066.269
Eaux-de-vie. Esprit de vin et autres	id. alcool	18.965	2.295.551	21.089	2 288.571
Poterie de terre grossière	kilog.	890.664	281.070	1.028.453	934 780
Faïence, porcelaine et grès commun	id.	1.095 738	1.171.714	1.149 976	345 322
Verres et cristaux	valeur	888.315	888.315	861.339	861.339
Tissus de coton	id.	33.231.787	23.231.787	21.347.904	21 347.901
Tissus de chanvre,	id.	2.603 260	2 603.260	3 465.533	3.465 533
Tissus de laine	id.	7.522 444	7.522.444	5.414 367	5.414.367
Tissus de soie	id	3.759.249	3.759 249	4.395.405	4.395.405
Papier et carton, livres et lithographie	kilog.	624.696	1.061 137	909.070	1 169.464
Peaux préparées et ouvrages en peaux	valeur	2.325.670	2.325.670	4 338.189	4.338.189
Ouvrages en métaux	id.	1.635 071	1.635.071	2.444 484	2.444 484
Mercerie commune	kilog.	280.660	1.564 620	390 656	2.343.936
Meubles	valeur	554.552	554 552	716.908	716.908
Autres articles	id.		28 206.766		33.166.180
TOTAUX des valeurs			**108.916.296**		**116.600.095**

EXPORTATIONS

TABLEAU comparatif des principales marchandises exportées de l'Algérie pendant les années 1856 et 1861 (Commerce général).

DÉSIGNATION DES MARCHANDISES.	UNITÉS.	EXERCICE 1856.		EXERCICE 1861.	
		TOTAL.	VALEUR en francs,	TOTAL.	VALEUR en francs.
Chevaux.	Tête.	51	21 740	821	410 500
Bêtes bovines.	id.	1.767	327 515	13.289	2.653.370
Bêtes à laine.	id.	28.453	319.304	92 398	1.410.204
Sangsues.	mille.	723	36.168	1.032	51 600
Peaux brutes	kilog.	673.159	834.773	2.098.942	2.675 005
Laines en masse.	id.	3.736 633	3.756.633	4.767.505	4.767.505
Soies.	id.	2 057	73 832	2 395	53.306
Cire brute.	id.	33.626	67.352	75.348	150.696
Graisse (suif brut).	id.	276.603	333.366	546.726	328.036
Poisson de mer de toute sorte.	id.	230.521	69.156	413.047	123.914
Corail brut.	id.	9.557	477.850	37.118	1.855.900
Os, sabots et cornes de bétail.	id.	856.956	213.262	1.396.815	139.681
Céréales { Blé.	hect^ol	460.494	6.907.410	319.582	4.793.730
Orge.	id.	247.567	1.734.249	386 581	2.706.067
Maïs.	id.	9	63	180	1 260
Avoine.	id.	1.850	11.400	30.576	397.617
Farines.	kilog.	800.065	240 019	1.954.453	586 336
Pain et biscuit.	id.	4.400	1 320	556.740	497.022
Légumes secs.	id.	1.527 564	381.890	4.226.531	1.056.634
Légumes verts ou salés.	id.	40 424	8.145	140.993	28.199
Fruits { Frais.	id.	501.842	125.460	672.974	132.660
Tapés.	id.	514.689	307 121	920.028	550.759
Tabacs { en feuilles ou en côte.	id.	3.181.556	3.948 817	3.182.857	4.527.714
Fabriqués.	id.	120.057	600.285	239 282	1.196.410
Huile d'olive.	id.	1.672 010	1.672.010	1.742.923	1.742.923
Fourrages.	id.	11.696 273	935.739	1.588 590	127.087
Drilles.	valeur	250.773	250 773	403.965	403.965
Minerais { de fer.	kilog	3.735 529	486.776	13.992 780	699,639
de cuivre.	id.	1.597.914	159.791	616 431	64.643
de plomb.	id.	5.361.813	1.608.544	4.516 203	1.354.861
d'antimoine.	id.	44.646	17.858	24.349	9.740
Joncs et roseaux.	id.	596.324	696.324	1.336 963	1.336 953
Coton.	id.	71.154	106.731	297.130	445 702
Feuilles de palmier nain.	id	502.805	50 280	91 7 3	9.172
Crin végétal.	id.	689.690	689.690	1.616.279	1.646.279
Objets de collection.	valeur	58.040	58.040	74.427	74.427
Garance en racine et moulue.	kilog.	18.193	12.738	»	»
Marbres blancs en blocs ou en tranches	id.	1.611.299	397.816	»	»
Autres articles.		»	11.346.369	»	10.173.177
Liége brut.		»	»	952.260	571.356
TOTAUX des valeurs.			39.100.720		49.094.120

Il suffit de comparer entre eux ces tableaux pour juger de la puissance productive de l'Algérie et du mouvement qui s'opère. Exemples : En 1856, on exportait pour 3.756.633 fr. de laines ; on en exporte pour 4.767.505 francs. — L'exportation du bétail a progressé plus encore : elle représentait, en 1856, une valeur de 676.819 francs ; elle représente aujourd'hui 3.763.574 francs.— Le commerce des peaux a plus que doublé ;—les huiles d'olive, qui donnaient à l'exportation, 1.672.01 francs, donnent actuellement 1.742.923 francs. — Ainsi du reste.

Mais le tableau suivant est l'argument le plus péremptoire que nous puissions opposer à ceux qui doutent de l'avenir.

—

TABLEAU du Mouvement commercial de l'Algérie avec la France et les pays étrangers, par période de cinq ans, de 1832 à 1862, d'après les documents de la douane algérienne.

ANNÉES.	IMPORTATIONS EN Algérie.	EXPORTATIONS d'Algérie.	MOUVEMENT GÉNÉRAL des Importations ET Exportations.
	(Valeur en francs.)	(Valeur en francs.)	(Valeur en francs.)
1831.	6.504.000	1.479.600	7.983.600
1836.	22.402.768	3.435.821	25.838 589
1841.	66.905.784	4.302.210	70.207.994
1846.	115.925.525	9.043.066	124.968.591
1851.	66.950.582	19.792.791	86.743.373
1856.	108.916.296	39.100.720	148.017.016
1861.	116.600.095	49.094.120	165.694.215

CHAPITRE III

Travaux publics.

Le service des Ponts-et-Chaussées, confié, dès l'origine, à des Ingénieurs détachés momentanément des cadres de la métropole, a été organisé à Alger en 1831, à Oran en 1832, à Bône en 1833.

Son rôle fut extrêmement limité tant que durèrent les hostilités : il se borna, en quelque sorte, aux travaux maritimes du port d'Alger. Mais dès 1843, alors que la pacification parut probable, on vit le Génie civil et le Génie militaire réunir, sans rivalité, leurs efforts et poursuivre l'exécution des travaux publics qui devaient consolider la conquête. Aujourd'hui ces deux corps se sont partagé le sol Algérien : le Génie exécute en territoire militaire les travaux du ressort du service des Ponts-et-Chaussées en France et dont celui-ci demeure exclusivement chargé en territoire civil.

A l'Armée appartenait, dans le principe, le soin de tracer les voies de communication et de pénétrer dans l'intérieur du pays ; au Génie civil incombait l'œuvre du perfectionnement, la rectification des tracés, l'exécution des empierrements, la construction des ouvrages d'art. Il serait donc extrêmement difficile, sinon impossible, de démêler la part de travail et de mérite qui revient à chaque service dans la création du vaste réseau de routes *à l'état d'entretien*, c'est-à-dire empierrées et carrossables comme les bonnes routes de France, qui couvre les trois provinces et qui, pour la seule province d'Alger, comprend 200 kilomètres de routes impériales, 500 kilomètres de routes départementales, 125 kilomètres de chemins de grande communication, et une longueur indéterminée de chemins de colonisation ou de culture, rentrés dans la catégorie des chemins vicinaux ordinaires depuis la constitution des communes.

L'œuvre si vaste et si féconde en résultats, mais en même temps si meurtrière pour ceux qui l'accomplissent, du dessèchement des marais n'a pas été négligée. Les premiers travaux importants datent seulement de 1843 dans le département d'Alger, et de 1845 et 1847 dans les départements d'Oran et de Constantine. — Cependant la longueur des canaux principaux ouverts par les soins du service des Ponts-et-Chaussés, atteint déjà 150 kilomètres ; la surface desséchée, assainie, rendue à la culture, dépasse 12.000 hectares ; dans cette quantité, la province d'Alger entre pour la moitié.

Partout aussi, en territoire civil, on s'est attaché à aménager les eaux d'irrigation ; des barrages ont été construits : celui de St-Denis-du-Sig, dans la province d'Oran, est un travail digne des Romains.

Ces derniers ont laissé, principalement dans la province de Constantine, de nombreux vestiges des ouvrages publics destinés à la distribution des eaux d'alimentation, mais devenus impropres à leurs fonctions ; les

6.

aqueducs des Turcs étaient eux-mêmes en fort mauvais état. — L'Administration a fait restaurer deux des grands aqueducs d'Alger, ceux d'Aïn-Zeboudja et du Telemly qui ont coûté environ 800.000 fr. — A Blidah, elle a construit l'aqueduc de l'Oued-el-Kébir, 150.000 fr. — A Oran et à Mers-el-Kébir près de 400.000 fr. ont été dépensés pour l'établissement des conduites d'eau de l'aqueduc du Raz el-Aïn et celui du Ravin-Blanc. A Philippeville, on a restauré les citernes romaines ; à Bône, on a créé de toutes pièces le système alimentaire. — A ces travaux, les plus importants, s'ajoutent toutes les conduites d'eau, les fontaines, les lavoirs, les abreuvoirs, les puits dont chaque centre de populaton est doté. L'Administration n'a reculé devant aucun sacrifice, et parfois on a été chercher à quatre, six et même huit kilomètres une source débitant 2 litres à la seconde, afin de satisfaire aux besoins d'un village.

Les villes principales de l'Algérie, Alger, Oran, Constantine, Philippeville, Blidah, etc., sont pourvues d'égouts, dont quelques-uns constituent des ouvrages d'une importance réelle. L'égout dit de ceinture, à Alger, établi sous les rues Bab-Azoun, Bab-el-Oued et de la Marine a coûté près de 800.000 fr.; il reçoit toutes les eaux pluviales et ménagères de la ville et les conduit en dehors du port, qu'on a ainsi préservé de l'infection. L'égout du ravin Raz-el-Aïn, qui traverse Oran, à 2 mètres 50 cent. de hauteur sur 2 mètres 50 cent. de largeur ; l'égout d'Aïn-Safar, à Mostaganem, offre une section de 1 mètre 50 cent. de largeur sur 2 mètres de hauteur.

Mais, bien que, depuis la conquête, on ait fait de grands et d'utiles travaux, il reste encore beaucoup à faire : l'Administration ne l'ignore point et ses agents déploient, à l'envi, un redoublement d'activité.

L'Algérie possède quatre routes impériales :

1° D'Alger à Laghouat, dans la province d'Alger ;

2° De Stora à Biskara, dans la province de Constantine;

3° De Mers-el-Kébir à Tlemcen, dans la province d'Oran;

4° Enfin, la route d'Oran à Alger, par Relizanne, Orléansville et Milianah, laquelle devra se prolonger jusqu'à Constantine, par Sétif.

Les trois premières sont perpendiculaires à la mer et ouvertes sur la totalité de leur développement, bien qu'imcomplètes sur divers points. Elles partent des ports principaux de chacune des trois provinces pour pénétrer dans l'intérieur du pays

La longueur de la route impériale d'Alger à Laghouat, par Boufarick, Blidah, Médéah, Bérouaghia, Boghar et Djelfa, est de 396 kilomètres : 120 kilomètres traversent entièrement le département d'Alger, et sont à l'état d'entretien : il en est de même des 32 kilomètres situés entre la limite du territoire civil de Boghar; mais la route n'est plus qu'ouverte sur le reste de son parcours.

La route impériale de Mers-el-Kébir et Oran à Tlemcen présente une longueur de 145 kilomètres; elle est complètement ouverte et à l'état d'entretien et ne comporte plus que des travaux d'amélioration ou de peu d'importance.

La route impériale de Stora à Biskara, passant par Philippeville, Constantine et Batna, a 307 kilomètres de longueur : elle est ouverte sur tout son parcours, mais n'est à l'entretien que jusqu'à Batna, c'est-à-dire sur un développement de 191 kilomètres.

La route d'Oran à Alger, par Mostaganem, Relizanne, Orléansville et Milianah, et d'Alger à Constantine par la Kabylie et par Sétif, est parallèle à la mer et destinée à relier entre elles les trois provinces de l'Algérie. Sa longueur d'Oran à Alger est de 368 kilomètres, et d'Alger à Constantine de 419 kilomètres.

Cette route sera terminée, sous peu, d'Oran à Relizanne (150 kilomètres); mais elle n'est qu'ouverte depuis la limite du territoire de Relizanne jusqu'à Orléansville; — d'Orléansville à la Chiffa, où elle s'embranche sur la route impériale de Laghouat à Alger, c'est-à-dire sur un développement de 177 kilomètres, 101 kilomètres sont à l'état d'entretien ; le reste est en cours d'exécution, mais néanmoins viable pendant à peu près toute l'année.

Dans la partie de cette grande voie de communication entre Alger et Relizanne, les travaux sont achevés entre Sétif et Constantine; mais il reste à ouvrir la route dans tout le massif de la Kabylie, où elle aura la plus grande importance non seulement au point de vue stratégique, mais encore et surtout en raison des contrées fertiles qu'elle doit traverser.

De grands travaux publics sont également en cours d'exécution :

Le port d'Alger est à peu près terminé; le projet définitif avait été évalué dans le principe à 41.592.000 fr.;

il a été dépensé jusqu'à ce jour 33.266.039 fr. On y construit en ce moment deux grandes formes de radoub, dont le projet s'élève à 4.900.000 fr. sur lesquels il a été déjà dépensé 3.200.000 fr. Ces bassins seront d'un grand secours aux bâtiments de l'Etat et du commerce, dont on ne pouvait réparer les avaries dans aucun port de la côte.

L'ancien port d'Oran, reconnu insuffisant pour les besoins commerciaux de cette ville, sera bientôt agrandi. L'ensemble des travaux qu'on y exécute est évalué à 9.000.000 de francs.

Des ports sont également en construction à Philippeville et à Bône.

On travaille, en outre, et dans les trois provinces, au dessèchement des marais, aux irrigations des plaines, à plusieurs canaux et à la construction de nouvelles églises (1).

Parmi les travaux projetés ou en cours d'exécution, les plus importants, sans contredit, sont ceux du chemin de fer qui doit relier entre elles les trois provinces de l'Algérie. Déjà le tronçon d'Alger à Blidah est presque achevé; on a tout lieu d'espérer que la ligne sera ouverte et inaugurée pour la fête nationale du 15 août.

Nous ne terminerons cette courte notice sans parler des puits artésiens dont l'Administratian a doté et chercherche encore à doter nos provinces.

Le manque d'eau, personne ne l'ignore, était pour les habitants de l'Algérie une cause essentielle de ruine : point d'eau, point de culture. La sécheresse tue ; de là nos mécomptes.

L'Administration, cependant, a pris à tâche de remédier à cet état de choses ; et, après avoir fait étudier la question par des hommes spéciaux, elle a confié au Service des Mines le soin de forer des puits partout où faire se peut — C'est ainsi qu'une partie de la Mitidja est actuellement irriguée.

Mais la sollicitude du Gouvernement ne s'est point étendue qu'aux colons. Le cercle de Boghari (province d'Alger), est déjà pourvu d'eau, et, dans le Sud de la

---

(1) Pour activer l'achèvement de ces travaux, il a été ouvert au Gouvernement Général, sur le prochain exercice, un crédit extraordinaire de 3.750 000 frsncs.— Il est alloué, en outre, au ministère de la Guerre,— pour être dépensée en Algérie pendant le prochain exercice indépendamment des allocations prévues au budget des dépenses ordinaires, — une somme de 1.079 000 francs, ainsi répartie : *Fortifications*, 290.000 francs; *Bâtiments militaires*, 683 000 francs; *Défense des côtes*, 106.000 francs.

province de Constantine, nos ingénieurs ont fait des merveilles; — on en jugera :

Dans plusieurs K'sours du Sahara, les puits étaient ensablés et les palmiers, seule richesse du pays, dépérissaient à vue d'œil. Les habitants, réduits à la misère, songeaient à abandonner leurs oasis, lorsque le général Desvaux conçut l'heureuse idée d'y faire construire des puits artésiens (1856). Le succès le plus complet couronna ses efforts : l'eau jaillit en abondance là où elle commençait à manquer et vint rendre aux populations émerveillées la richesse et la vie.

Depuis cette époque, les forages ont été continués sans interruption, et voici ce qui a été fait : « Il a été dépensé jusqu'à ce jour 302.425 francs fournis par les centimes additionnels à l'impôt arabe et par les cotisations volontaires des indigènes. Cinquante-quatre fontaines artésiennes ont été forées dans l'Oued-R'ir, le Sahara oriental et le Hodna ; elles donnent 38.542 litres d'eau par minute. L'Oued-R'ir a été animé d'une vie nouvelle : 32.994 palmiers, 1.145 arbres fruitiers, des légumes de toute espèce ont été plantés dans 1.237 jardins nouvaux ; des oasis se sont relevées, et deux villages ont été créés dans les solitudes du Sahara. »

Ceux-là seront bénis par les populations Sahariennes qui ont conçu et mené à bien cette généreuse entreprise!..

CHAPITRE IV.

De la propriété ; — Des concessions ; — De l'impôt.

Aux termes du décret du 25 juillet 1860, les propriétés du Domaine s'acquièrent de plusieurs manières :

Aux enchères publiques, et, exceptionnellement, par vente de gré à gré dans le cas d'enclaves, d'indivision, de préemption légale et de possession de bonne foi;

Par voie de vente à prix fixé ;

Enfin, par voie de concession.

Les ventes à prix fixe, c'est-à-dire celles de terrrains dont la valeur a été préalablement fixée par l'Administration, sont passées par les soins des Préfets. — Afin d'accélérer le peuplement de la colonie, les Préfets de France sont autorisés à passer de ces ventes, lesquelles ont lieu aux clauses et conditions suivantes :

Le Préfet, agissant en vertu d'une délégation spéciale du Gouverneur-Général de l'Algérie, s'engage à assurer à chaque acquéreur, à l'époque de son arrivée dans la colonie et moyennant la somme fixée par le tarif, le lot de terres dont le plan et la contenance lui ont été préalablement désignés.

La somme est payable : un tiers immédiatement, et les deux autres tiers, d'année en année. — Le titre provisoire, délivré par le préfet, donne droit à un permis de passage *gratuit* de Marseille à l'un des ports de la Colonie. Ce permis est valable pour trois mois, à dater de sa délivrance, et il sert non-seulement à l'acquéreur, mais encore à sa famille et aux personnes à son service. A son arrivée en Algérie, l'acquéreur échange son titre *provisoire* de propriété contre un titre *définitif*, puis est mis immédiatement en possession par les soins de l'autorité locale. — Dans le cas où le lot à lui vendu par le préfet ne serait pas à sa convenance, il est libre de renoncer au bénéfice du contrat, comme d'échanger ce lot contre tout autre qui serait resté vacant sur le territoire désigné dans l'acte de vente.

L'immeuble est livré franc et libre de toutes dettes et hypothèques, redevances ou rentes ; il est affranchi de toute charge relative à la mise en valeur du sol et de toute obligation de bâtir, l'acquéreur étant parfaitement maître de l'usage qu'il en veut faire.

Dans le cas où l'acquéreur ne pourrait pas se libérer aux époques déterminées, il peut lui être accordé un délai pendant lequel les sommes dues sont productives d'intérêt à 5 0/0 l'an.

L'Etat fait réserve des objets d'art antique ou d'architecture qui seraient découverts sur le terrain vendu ; enfin, la vente ne confère point la propriété des sources et cours d'eau pouvant exister sur le terrain aliéné. L'acquéreur en jouit conformément aux règlements en vigueur.

Les concessions au-dessus de trente hectares sont accordées par l'Empereur, sur l'avis du conseil d'Etat. — Elles sont réservées aux industriels qui voudraient s'adonner à de grandes entreprises présentant un caractère d'intérêt général. C'est ainsi qu'une compagnie anglaise a été mise, récemment, en possession de 25.000 hectares destinés à la culture du cotonnier.

Les concessions au-dessous de trente hectares sont accordées aux anciens militaires et aux colons établis depuis plusieurs années en Algérie; elles sont faites suivant le territoire auquel elles appartiennent, par l'autorité compétente; les concessions sont soumises à la seule obligation de construire une habitation.

Les ventes de particulier à particulier, entre européens, et d'européens à indigènes, — mais en territoire civil seulement, — sont faites conformément à la loi, dans les formes usitées en France et sous les mêmes garanties.

Les transactions immobilières, de musulman à musulman, sont régies par la loi musulmane.

Chacun a le droit de jouir et de disposer de sa propriété de la manière la plus absolue, en se conformant à la loi. Néanmoins, aucun droit de propriété ou de jouissance portant sur le sol du territoire d'une tribu ne peut être aliéné au profit de personnes étrangères à la tribu. — A l'Etat seul est réservée la faculté d'acquérir ces droits dans l'intérêt des services publics ou de la colonisation, et de les rendre, en tout ou partie, susceptibles de libre transmission.

Les impôts des *Européens* se rapprochent de ceux établis sur le continent, mais ils ne sont pas, à beaucoup près, aussi élevés; d'autre part, les taxes les plus lourdes qui sont perçues en France, ne sont point encore établies en Algérie. C'est ainsi que l'impôt foncier, celui des portes et fenêtres et celui des des successions, les droits d'octroi, ceux de consommation et de circulation sur les vins et liqueurs et le monopole des tabacs ne sont point appliqués à la colonie.

Les taxes actuellement établies sont les suivantes :

Au profit de l'Etat : La *contribution des patentes ;* — les *droits d'enregistrement, de timbre, de greffe et d'hypothèques,* qui sont perçus d'après un tarif de moitié moins élevé que celui de France et ne supportent pas l'addition du décime de guerre; — les *droits de licence,* dûs exclusivement par les débitants de vins et liqueurs; — les *droits de douane.*

Au profit des Communes : la *taxe des loyers,* qui représente, à peu près, la contribution personnelle et mobilière de France ; — les *prestations en nature* pour les chemins vicinaux ; — la *taxe sur les chiens* — et l'*octroi de mer,* perçu dans tous les ports.

Aucun droit d'octroi n'est perçu à la porte des villes ; les communes touchent les quatre cinquièmes de l'octroi de mer ; l'autre cinquième entre dans le budget provincial comme contribution des communes dans les dépenses hospitalières.

CHAPITRE V.

Gouvernement-Général et Administration; — Conseil Consultatif; — Conseil-Supérieur; — Conseils généraux; — Conseils municipaux; — Organisation financière; — Services publics; — Établissements de bienfaisance: — Sociétés de secours mutuels; — Institutions de crédit.

ADMINISTRATION.

Gouvernement-Général. — Le Gouvernement de l'Algérie a été reconstitué par décret impérial en date du 10 décembre 1860.

Aux termes de ce décret, « Le Gouvernement et la haute
» Administration de la colonie sont centralisés à Alger sous
» l'autorité d'un GOUVERNEUR-GÉNÉRAL qui rend compte
» directement à l'Empereur de la situation politique et
» administrative du pays.

» Le Gouverneur-Général commande les forces de terre
» et de mer ; toutefois, le Ministre de la guerre et le Mi-
» nistre de la marine conservent sur l'armée et sur la ma-
» rine l'autorité qu'ils exercent sur les armées en cam-
» pagne et les stations.

» Un SOUS-GOUVERNEUR, général de division, chef d'E-
» tat-major général, supplée le Gouverneur-Général, en
» cas d'absence. »

Conseil consultatif. — Placé auprès du Gouverneur et sous sa présidence, ce Conseil, dont les attributions ont été définies par un décret spécial, est, en principe, appelé à donner son avis sur les affaires qui intéressent le domaine de l'Etat, les concessions de mines, de forêts, les créations de centres de population, etc., et, en outre, sur toutes les affaires renvoyées à son examen par le Gouverneur-Général.

Conseil supérieur. — Ce Conseil, qui se réunit une fois par an, après la session du Conseil général, est ainsi composé :

1° Du Gouverneur-Général, président;

2° Du Sous-Gouverneur ;

3° Des membres du Conseil consultatif;

4° Des trois Généraux commandant les divisions militaires ;

5° Du Premier Président de la Cour impériale d'Alger;
6° Des trois Préfets des départements ;
7° De l'Evêque ;
8° Du Recteur de l'Académie ;
9° De six membres des Conseils généraux (deux choisis par le Conseil général de chaque province).

Il a pour attribution principale l'élaboration définitive du projet de budget à présenter au Conseil d'Etat, pour être ensuite soumis comme annexe du budget de la Guerre au Corps législatif. Il peut être, en outre, appelé par le Gouverneur-Général à étudier et à exprimer son avis sur les grandes questions d'intérêt général relatives à la Colonie : — C'est ainsi que dès sa première session il a eu à préparer un projet de décret sur le cantonnement des indigènes, à examiner les projets de tracé de chemin de fer dans la province de Constantine, etc., etc.

Administration. — A la tête de l'administration centrale est placé un DIRECTEUR-GÉNÉRAL DES SERVICES CIVILS. — Ce haut fonctionnaire réside à Alger; il exerce, sous l'autorité du Gouverneur-Général et en son nom, la direction des affaires civiles; il propose et soumet au Gouverneur toutes les mesures qui intéressent la colonisation, l'agriculture et les travaux publics, ainsi que celles qui ont pour objet d'assurer l'exécution des lois, décrets, réglements généraux et instructions concernant l'administration publique ; il centralise dans ses bureaux (*Direction Générale*) tous les services de la colonie, exception faite de la Justice, de l'Instruction publique et des Cultes chrétiens.

L'Algérie est divisée administrativement en trois *Provinces* : — province d'Alger, au Centre; province de Constantine, à l'Est; province d'Oran, à l'Ouest.

Chaque province est divisée en *territoire civil* et en *territoire militaire*.

Le territoire civil de chaque province forme le *département*.

Le département est administré par un Préfet, assisté d'un Conseil de préfecture. — Ce Conseil est composé de quatre membres pour le département d'Alger, et de trois membres pour chacun des deux autres. — L'étendue territoriale des arrondissements de sous-préfectures, et, surtout, leur fractionnement en enclaves du territoire militaire ont déterminé la création de *districts* : on désigne sous ce nom les circonscriptions confiées, sous l'autorité hiérarchique des sous-préfets, à des fonctionnaires appelés *Commissaires civils*. Cette subdivision correspond à celle des *cercles* du territoire militaire.

Les Commissaires civils joignent à leurs fonctions celles de maires et souvent celles de juges de paix.

Le territoire militaire est administré par le Commandant de la division territoriale, assisté d'un *Conseil des affaires civiles*. Ce Conseil est composé : d'un Sous-Intendant militaire, du chef du service des Domaines ; du chef du service des Contributions diverses et d'un Conseiller civil à la nomination du Gouverneur-Général. — Les Commandants du territoire militaire statuent, en Conseil des affaires civiles, sur les matières attribuées aux Préfets en Conseil de préfecture.

L'administration des territoires militaires s'étend aux Européens et aux Indigènes établis sur ces territoires.

Les Commandants de place, à défaut de fonctionnaires civils, remplissent, en territoire militaire, les fonctions d'officiers de l'état-civil et de juges de paix, et connaissent des contraventions punies des peines de simple police.

Il existe, en outre, dans toutes les subdivisions, et dans tous les cercles, des bureaux dits BUREAUX ARABES, dirigés, sous l'autorité du commandement militaire, par des officiers français. Ces officiers sont spécialement chargés d'être les organes de notre autorité auprès des indigènes ; ils dirigent les chefs arabes, visitent les tribus, les marchés, écoutent, sur les lieux mêmes, toutes les réclamations et y font droit dans les limites de leurs attributions ; ils veillent à la transmission de tous les ordres et en expliquent le sens aux intéressés ; exercent, enfin, la police judiciaire en tout ce qui concerne la recherche des crimes, des délits et des contraventions commis par les indigènes dans les territoires soumis à leur juridiction.

Conseils généraux. — Un arrêté du Pouvoir exécutif du 9 décembre 1848 avait créé, en même temps que les préfectures algériennes, les Conseils généraux : mais cet arrêté ne reçut son exécution qu'à l'organisation du ministère de l'Algérie et des Colonies (1858). Le décret impérial du 27 octobre 1858, rendu sur la proposition du Prince Napoléon, alors Ministre, a institué dans chaque province un Conseil Général, composé, aujourd'hui, de vingt-cinq membres nommés par l'Empereur, et choisis parmi les notables européens ou indigènes (arabes et israélites) résidant dans la province, ou y étant propriétaires.

Le Conseil général tient, chaque année, sa session ordinaire au chef-lieu de la province ; il discute le budget provincial, surveille la gestion des finances, adresse directement au Gouverneur-Général par l'intermédiaire de son président. les vœux qu'il croit devoir présenter dans l'intérêt spécial de la province, ainsi que sur l'état et les besoins des différents services publics concourant à l'administration provinciale.

Le Préfet du département et le Commandant du territoire militaire ont entrée au Conseil ; ils sont entendus quand ils le demandent et assistent aux délibérations, excepté lorsqu'il s'agit de l'apurement de leur compte administratif. — Les séances ne sont pas publiques, mais le Conseil peut ordonner la publication de tout ou partie de ses procès-verbaux.

Régime municipal. — Les centres de population sont érigés en communes par décrets impériaux, lorsqu'ils ont acquis un certain degré de développement ; ces décrets sont rendus sur la proposition du Gouverneur-Général, le Conseil Consultatif entendu.

Le corps municipal de chaque commune se compose d'un maire, d'un ou de plusieurs adjoints et d'un Conseil municpal.

Les maires et les adjoints doivent être *français* ou *naturalisés français* ; ils sont nommés par l'Empereur dans les communes de 3.000 habitants et au-dessus, ainsi que dans les chefs-lieux d'arrondissement ou de tribunaux de première instance. Dans les autres communes, ils sont nommés par le Gouverneur-Général.

Le Conseil municipal se compose, indépendamment du maire et des adjoints, de membres dont le nombre varie de 5 à 16, suivant l'importance des communes. Les étrangers et les indigènes ne peuvent, ensemble, excéder dans un conseil municipal le tiers du nombre total de ses membres.

Les Conseils municipaux se réunissent quatre fois l'année : en février, mai, août et novembre. Ils peuvent être convoqués extraordinairement sur la demande du Préfet ou sur celle du maire, toutes les fois que les intérêts de la commune l'exigent.

Le maire est seul chargé de l'administration de la commune, mais il peut déléguer une partie de ses fonc...

tions à un ou plusieurs de ses adjoints. — Les adjoints institués dans les annexes ou sections *extrà-muros* remplissent les fonctions d'officier de l'état-civil dans leur section ; ils y veillent à l'exécution des lois et des règlements de police, sous l'autorité du maire.

Le Conseil municipal délibère : sur le mode d'administration des biens communaux, sur le mode de jouissance et sur la répartition des pâturages ainsi que sur les conditions à imposer aux parties prenantes ; sur le budget communal, sur toutes les dépenses et les recettes soit ordinaires, soit extraordinaires, propres à la commune, sur tous les objets, en un mot, au sujet desquels les lois, décrets et arrêtés appellent les Conseils municipaux à se prononcer. Il délibère également sur les comptes annuels présentés par le maire ; entend, débat et arrête, sauf règlement définitif par l'autorité supérieure compétente, les comptes de deniers des receveurs. — Les séances ne sont pas publiques et les délibérations ne peuvent être publiées qu'en vertu d'une autorisation de l'Administration supérieure. Une circulaire récente du Gouverneur-Général a fait connaître que l'intention du gouvernement était que, dans la pratique, cette disposition restrictive fût interprétée dans le sens le plus large et le plus libéral.

Il est nommé un receveur municipal spécial pour la gestion financière de toute commune dont le revenu s'élève à 50.000 fr. et au-dessus. — Pour les communes dont le revenu est inférieur à 50.000 fr., le service de la recette municipale est confié aux receveurs des Contributions diverses, sous la surveillance et le contrôle du chef de service dans chaque province. Néanmoins, sur la demande du conseil municipal et sur l'avis conforme du Conseil Consultatif, le Gouverneur-Général peut instituer un receveur spécial dans les communes dont le revenu est inférieur à 50.000 francs.

Organisation financière. — La constitution actuelle du régime financier en Algérie comprend :

1° Le budget du Gouvernement-Général de l'Algérie (budget de l'État) ;

2° Les budgets provinciaux ;

3° Les budgets communaux ;

4° Les budgets locaux ;

5° Enfin, les budgets des centimes additionnels à l'impôt arabe.

Budget du Gouvernement-Général de l'Algérie. — Le budget annuel de l'Algérie est préparé par le Gouverneur-Général en Conseil Supérieur du gouvernement. Ce budget ne comprend point, d'ailleurs, les dépenses relatives aux services qui sont rattachés à leurs ministères respectifs, (Armée, Marine, Cultes chrétiens, Instruction publique et Justice française.)

Après délibération du Conseil, le projet du budget est arrêté par le Gouverneur-Général et adressé au Ministre de la guerre pour être soumis au Conseil d'Etat, et voté ensuite par le Corps législatif et le Sénat. — Les crédits alloués par la loi de finances sont répartis par *Chapitres*, en vertu d'un décret impérial. Le Gouverneur-Général en arrête la sous-répartition en Conseil Supérieur du gouvernement. — Le budget des dépenses de l'Algérie a été arrêté pour 1861 à 17.338.600 fr., et, pour 1862, à 17.323.015 francs.

Budgets provinciaux. — La gestion financière des provinces algériennes ne diffère pas essentiellement de celle des départements de France.

Le budget de chaque province, préparé de concert par le Préfet et le Général de division commandant du territoire militaire, est présenté au Conseil général par le Préfet. Ce budget, après avoir été délibéré par le Conseil général, est réglé définitivement par décret impérial.

Budgets communaux. — Les budgets des communes *constituées* sont soumis, à peu de chose près, aux mêmes règles que celles qui régissent dans la métropole les budgets communaux.

Ils s'alimentent :

1° Des recettes dites *communales*, réalisées dans lesdites localités;

2° De la part qui revient à ces localités, au prorata de leur population (la population indigène comptant pour 1/10° de son effectif), sur le produit net de l'octroi de mer ;

3° Et des subventions qui peuvent leur être accordées sur le budget provincial.

Budgets locaux. — Ces budgets, spéciaux aux localités *non encore érigées en communes*, sont réglés directement : dans le territoire civil, par le Préfet, et dans le territoire militaire par le Général commandant la division. Ils s'alimentent comme les précédents.

Budget des centimes additionnels à l'impôt arabe. — Ces budgets ont été institués *en terri-*

toire militaire (arrêté ministériel du 30 juillet 1855), en vue de régulariser la comptabilité des cotisations arabes au moyen desquelles il était pourvu antérieurement aux dépenses d'utilité commune dans les tribus, sous la surveillance de l'autorité militaire.

Ainsi que l'indique leur titre, ces budgets s'alimentent des centimes additionnels, ajoutés au principal de l'impôt arabe. La quotité de ces centimes a été fixée, dans ces dernières années, à 18 centimes pour 1 franc d'impôt *achour* et *zekkat* (impôts sur les récoltes et sur les bestiaux.)

Les dépenses doivent, toutes, présenter essentiellement un caractère d'utilité publique pour les indigènes ou pour les localités du territoire militaire non encore érigées en communes. Les règles de la comptabilité des communes sont applicables à la comptabilité des centimes additionnels, la subdivision militaire étant supposée la commune. Les sous-intendants et les officiers du génie sont ordonnateurs des dépenses. — Ces budgets sont soumis à l'approbation du Gouverneur Général par les commandants des divisions.

Services financiers. — Les services financiers organisés en Algérie sont les suivants :

1° L'Enregistrement et les Domaines ;
2° Les Contributions diverses ;
3° Les Postes ;
4° Les Douanes ;
5° Les Forêts ;
6° Le Trésor.

Ces services ont, à peu de chose près, les mêmes attributions qu'en France. Toutefois, le service des Contributions diverses, tout spécial à la colonie, réunit une partie des fonctions partagées dans la métropole, entre les administrations des Contributions directes et indirectes et les percepteurs ; — D'un autre côté, le service du Trésor cumule les attributions dévolues, en France, aux receveurs généraux et particuliers des finances et aux payeurs. — Comme sur le continent, les services financiers sont l'objet de vérifications générales accomplies par l'inspection des finances, laquelle se compose d'un inspecteur général, chef de la mission, et de trois inspecteurs.

Le personnel de ces différents services, sauf quelques agents spéciaux, est emprunté à celui des services similaires en France : les grades, fonctions, emplois, mode d'avancement, droits à la retraite, etc., sont absolument

les mêmes ; seulement, pour les agents détachés des cadres de la métropole, les traitements réglementaires sont
augmentés, à titre d'indemnité coloniale, d'un quart dans
les services des Domaines, des Contributions, des Postes
et des Douanes, et d'un tiers dans celui des Forêts. En outre, les agents comptables reçoivent des frais de loge-
ment et de bureau et les agents supérieurs des frais de
tournées.

Tous ces services sont centralisés au chef-lieu de chaque département, et ils sont gérés, dans chaque localité,
ville ou village, où leur action est jugée nécessaire, par
des employés spéciaux. Toutes les réclamations en rem-
boursements, restitutions, dégrèvements, transactions,
relatives à chacun de ces services, doivent être adressées
au préfet, dans le département, — au général commandant la division, en territoire militaire.

Services divers. — Mais l'administration ne gère
pas seulement les intérêts du Trésor : elle protége les
citoyens, les éclaire de ses conseils et les seconde dans
leurs efforts ; — c'est ainsi qu'elle a créé nombre de
services qui témoignent hautement de sa sollicitude, et
qu'elle multiplie sur tous les points les établissements
d'assistance publique.

Pépinières. — Presque partout où elle s'est établie,
la colonisation a trouvé le sol nu. Or, les plantations
d'arbres ont été et sont encore l'un des premiers besoins
à satisfaire lors de la création des centres de population
et des exploitations agricoles. Il faut planter des arbres
à haute venue, des arbres dits de haute futaie, pour
donner de l'ombrage, assainir, rompre la sombre mono-
tonie du paysage et donner plus tard du bois d'œuvre
et du bois à brûler, dont l'Algérie finirait par manquer.

Il faut aussi planter dans les exploitations agricoles et
sur les champs cultivés, des abris pour garantir les cultures de la violence, et de l'influence pernicieuse des
vents ; il faut encore planter des arbres à fruits et des
arbres sur le produit desquels l'industrie agricole puisse
s'exercer.

Pour satisfaire, autant que possible, à ces besoins, le
Gouvernement a fondé et entretient dans les trois provinces, outre le *Jardin d'acclimatation* d'Alger, des pépinières où les services publics et les colons trouvent, à prix
très-réduits, les espèces et variétés d'arbres acclimatés
qui leur sont nécessaires.

Le nombre des pépinières du Gouvernement est aujourd'hui de quinze, savoir :

Quatre dans la province d'Alger ; elles sont établies : à Médéah,— à Milianah, — à Orléansville — et à Aumale.

Quatre dans la province d'Oran ; elles sont établies : à Mostaganem, — à Mascara, — à Tlemcen, — et à Nemours.

Sept dans la province de Constantine, réparties dans les villes suivantes : Constantine, — Bône, — Philippeville, — Sétif, — Guelma, — Batna — et Biskara.

Toutes ces pépinières sont parfaitement entretenues et fournissent d'excellents produits.

Chambres d'Agriculture. — C'est sur l'agriculture que repose l'avenir de la colonie : le Gouvernement, dans le but d'éviter aux producteurs de cruelles déceptions, a établi au chef-lieu de chaque province une chambre consultative d'agriculture. Le nombre des membres est fixé à trente pour la province d'Alger, et à vingt pour chacune des autres provinces. — Ces chambres, convoquées à des époques fixes par ordre du Gouverneur-Général, présentent leurs vues sur toutes les questions qui intéressent l'agriculture. Elles donnent leur avis sur les changements à opérer dans la législation, en ce qui touche les intérêts agricoles, et, notamment, en ce qui concerne les contributions, les douanes, les octrois, la police et l'emploi des eaux. Elles sont consultées sur l'établissement, la suppression et le changement des foires et marchés, sur la destination à donner aux subventions de l'Etat, et fournissent à l'Administration les éléments de la statistique agricole de la province. Elles peuvent faire, en outre, sous l'approbation du Gouverneur Général, les publications ayant pour but de propager en Algérie la connaissance des travaux, des découvertes, des essais et des perfectionnements qui tendent à l'amélioration des cultures.

Inspecteurs de colonisation. — Ces Agents sont en contact immédiat avec les colons, au milieu desquels ils vivent : ils président à l'installation des familles et à la remise des lots concédés ; ils font connaître le mouvement de la population, des constructions, des cultures dans les nouveaux centres, ainsi que les besoins des localités, sous le rapport des voies de communication, de l'assainissement, de la police rurale, des usines, marchés, etc. ; ils recueillent les documents propres à établir la statistique agricole, constatent les produits des récoltes, le développement des plantations et sont spécialement chargés de surveiller les travaux de construction et de cultures imposés aux concessionnaires pour l'obtention des titres définitifs de propriété.

Hygiène publique. — Il est institué au chef-lieu de chacun des départements un conseil d'hygiène et de salubrité publique, composé de médecins, de fonctionnaires et de notables désignés parmi les principaux habitants. Ce conseil a mission de donner son avis sur les questions qui lui sont adressées par l'autorité, de réunir et coordonner les documents propres à éclairer l'Administration supérieure sur la mortalité et sur ses causes, ainsi que sur la statisque médicale. Il fait, chaque année, un rapport sur l'hygiène publique et sur la salubrité du département et un pareil rapport sur celle du territoire militaire. Le premier est adressé au préfet, le second au général commandant la division.

Service médical. — Ce service comprend les *Médecins des établissements civils* et les *Médecins de colonisation*.

Les premiers sont établis dans les villes; ils ont dans leurs attributions le service des hôpitaux civils, des dispensaires et des prisons; les consultations gratuites et les visites à domicile pour les malades indigents dans l'enceinte de la ville. Ils sont rétribués sur les budgets communaux, pour ce qui concerne les établissements à la charge des communes.

Les seconds desservent les territoires livrés à la colonisation; divisés, à cet effet, en circonscriptions médicales, ils sont placés, pour tout ce qui concerne leur service, sous la surveillance de l'autorité administrative.

Les médecins de colonisation doivent *gratuitement* les soins et les secours de leur art à toute personne indigente de leur circonscription : ils sont tenus de faire des tournées périodiques dans chacun des centres ou groupes de population compris dans cette circonscription ; — de tenir, au lieu de leur résidence, à jours et heures fixes, un bureau de consultation *gratuite* pour quiconque s'y présente ; de propager la vaccine, etc.

Un tarif, arrêté par le Gouverneur-Général, détermine les honoraires dûs pour les visites et les opérations faites par les médecins de colonisation aux personnes non indigentes. — Dans les localités où il n'existe pas de pharmacie, les médecins délivrent les médicaments, qui sont tirés des dépôts de pharmacie des hôpitaux civils ou militaires. Les médicaments sont fournis *gratuitement*

8.

aux indigents, et aux prix fixés par l'Administration aux autres personnes.

Hôpitaux civils. — Il existe en Algérie trois grands hôpitaux civils : l'un à Alger; un autre à Douéra ; le troisième à Oran. Ces établissements sont les seuls qui reçoivent des malades des deux sexes. — A l'hôpital de Douéra est annexé, sous le titre d'*Asile départemental des vieillards et incurables indigents*, un hospice spécialement ouvert aux habitants de la province d'Alger qui, français ou étrangers, y ont acquis le domicile de secours par une année de résidence fixe. — Le nombre des lits entretenus aux frais du département est de 60 pour les hommes et de 40 pour les femmes; 20 lits supplémentaires sont mis à la disposition de chacune des provinces d'Oran et de Constantine. On y reçoit des pensionnaires à raison de 30 f. par mois. Les vieillards valides n'y sont admis qu'à 70 ans.

Trois hôpitaux d'une moindre importance que ceux qui viennent d'être désignés ont été récemment cédés par l'autorité militaire à l'administration civile : l'un à *El-Arrouch*, dans l'arrondissement de Philippeville, département de Constantine, les deux autres à *St-Denis-du-Sig* et à *Aïn-Temouchent*, arrondissement et département d'Oran.

Il est établi à Constantine, à Bône et à Philippeville un hôpital civil à l'usage exclusif des femmes.

Les malades sont divisés en trois catégories :

1° Malades pensionnaires de première classe, astreints à rembourser le prix intégral de la journée de traitement;

2° Malades pensionnaires de seconde classe, admis moyennant le remboursement de la moitié du prix de la journée de traitement;

3° Malades indigents, traités gratuitement.

Les malades pensionnaires sont admis à la première classe sur leur demande. — Pour être admis à la seconde classe, les malades doivent justifier, par un certificat du maire de leur domicile, que leurs facultés pécuniaires ne leur permettent pas de supporter intégralement les frais de la journée de traitement. — L'admission à titre gratuit n'a lieu que sur la production d'un certificat d'indigence, délivré par le maire de la localité où le malade a son domicile ou sa résidence habituelle. En cas d'urgence constatée par un officier de santé de l'hôpital, les malades sont admis sans l'accomplissement de cette formalité, qui est, d'ailleurs, ultérieurement remplie.

Le service intérieur des hôpitaux civils est confié à des religieuses hospitalières.

Les malades qui ne peuvent être reçus dans les établissements sus-indiqués sont traités dans les hôpitaux et ambulances militaires, situés dans les centres de population ou à leur proximité ; ils sont tenus de rembourser les frais de leur traitement, d'après les décomptes établis par l'Administration militaire : les indigents seuls sont traités aux frais de l'Adminis'ration civile.

Aliénés. — L'Algérie ne possède point encore d'établissement public ou privé où puissent être recueillis les malheureux frappés d'aliénation mentale. — Ceux d'entre eux qui, par mesure de sûreté publique, ne peuvent être abandonnés à eux-mêmes ou laissés à leurs familles, sont dirigés par l'Administration sur l'Asile public d'Aix (Bouches-du-Rhône) ; ils y sont traités aux frais de la province où ils ont leur domicile de secours.

Dispensaires de police. — On désigne sous ce titre des établissements spécialement affectés au traitement des femmes qui se livrent à la prostitution, quand elles sont atteintes de maladies contagieuses, et où elles sont enfermées, quand elles enfreignent les règlements auxquels elles sont soumises.

Il existe un Dispensaire de police dans chacune des principales villes de la colonie. Ces établissements sont entretenus aux frais des communes.

Enfants trouvés. — Dans chaque province, les enfants trouvés sont confiés à des nourrices par l'intermédiaire des sœurs qui font le service des hospices. L'Administration paie les frais de layette; elle accorde, en outre, une subvention mensuelle de quinze francs, pour chaque enfant, jusqu'à l'âge où il est admis dans un orphelinat.

Orphelinats. — On compte, en Algérie, sept orphelinats ou maisons d'apprentissage : trois pour les garçons, trois pour les filles.

Le septième orphelinat est consacré aux enfants issus de familles protestantes : il est *mixte*, c'est-à-dire qu'il reçoit les garçons et les filles.

Les trois orphelinats de garçons, dirigés par des congréganistes, sont situés :

A Ben-Aknoun et à Boufarik (province d'Alger) ;

A Misserghin (province d'Oran).

Ces orphelinats sont établis dans des domaines ruraux, où les élèves sont formés aux travaux de l'agriculture et apprennent les métiers de l'utilité la plus immédiate pour les habitants des campagnes. Les enfants y entrent à six ans et peuvent y rester jusqu'à leur majorité. L'Administration paie leur pension jusqu'à dix-huit ans; le prix de cette pension décroît à mesure qu'ils avancent en âge. A leur sortie, ils emportent un trousseau et reçoivent un pécule dont le *minimum* est de cent francs.

Les trois orphelinats pour filles sont établis à Mustapha, près Alger, à Misserghin, près Oran, et à Bône.

Les orphelines reçoivent dans les maisons où elles sont placées l'instruction primaire et religieuse ; elles y sont, en outre, formées aux travaux de leur sexe et aux soins du ménage. Elles jouissent des mêmes avantages que les garçons, à cette différence près que leur pension n'est payée que jusqu'à ce qu'elles aient atteint leur seizième année.

L'orphelinat mixte est consacré à recevoir les enfants des deux sexes des communions protestantes Il est établi à Dely-Ibrahim, près Alger, dans une belle propriété rurale qui était précédemment connue sous le nom de *Ferme Mazéres*.

Bureaux de bienfaisance. — La plupart des villes de l'Algérie possèdent des bureaux de bienfaisance régulièrement constitués et administrés comme ceux de la métropole.

Sociétés de Secours mutuels. — On compte en Algérie plusieurs sociétés de secours mutuels ; leur siége est établi :

A Alger : 1° société des Arts et métiers; 2° société de Saint-François-Xavier ; 3° société de la Famille ; 4° Société des médaillés de Ste-Hélène; 5° des Sapeurs-Pompiers ; à Blidah, à Douéra, à Ténès, à Oran, à Mostaganem, à Tlemcen, à Constantine et à Philippeville.

Banque d'Algérie. — Il existe en Algérie une banque d'escompte, de circulation et de dépôts, sous la dénomination de *Banque de l'Algérie*. — Les opérations de la Banque consistent :

A escompter les lettres de change ou autres effets à ordre, ainsi que les traites du Trésor public ou sur le Trésor public et les caisses publiques.

A escompter des obligations négociables ou non négociables, garanties par des récépissés de marchandises déposées dans des magasins publics, par des transferts de rentes ou des dépôts de lingots, de monnaies ou de matières d'or et d'argent ;

A prêter sur effets publics, en se conformant aux lois et ordonnances en vigueur ;

A recevoir en compte-courant, sans intérêts, les sommes qui lui sont déposées; à se charger, pour le compte des particuliers ou pour celui des établissements publics, de l'encaissement des effets qui lui sont remis, et à payer tous mandats et assignations, jusqu'à concurrence des sommes encaissées ;

A recevoir, moyennant un droit de garde, le dépôt volontaire de tous titres, lingots, monnaies et matières d'or ou d'argent ;

A émettre des billets payables au porteur et à vue, des billets à ordre et des traites ou mandats.

La Banque reçoit à l'escompte les effets à ordre, timbrés, payables en Algérie ou en France, portant la signature de deux personnes au moins, notoirement solvables, et dont l'une au moins est domiciliée à Alger ou au siége d'une des succursales. L'échéance de ces effets ne doit pas dépasser cent jours de date ou soixante jours de vue. — L'une des signatures exigées peut être suppléée par la remise, soit d'un connaissement d'expédition de marchandises exportées d'Algérie, soit d'un récépissé de marchandises déposées dans un magasin public : dans ce cas, l'échéance des effets et obligations ne doit pas dépasser soixante jours de date. Le débiteur a toujours le droit d'anticiper sa libération.

Le rapport de la valeur des objets fournis comme garantie additionnelle est déterminé par les règlements intérieurs de la Banque : cette proportion ne peut excéder, quant aux avances sur connaissements, la moitié de la valeur de la marchandise au lieu d'embarquement, et, quant à tous autres effets et marchandises, les deux tiers de la valeur, calculée après déduction de tous droits ou engagements. — En cas de non paiement d'un effet garanti par la remise d'un récépissé de marchandises, la Banque peut, huit jours après le protêt, ou après une simple mise en demeure par acte extrajudiciaire, faire vendre la marchandise aux enchères publiques et par ministère d'un courtier, pour se couvrir jusqu'a due concurrence.

Le taux des escomptes est fixé à six pour cent par an; pour les encaissements opérés à l'extérieur, la Banque perçoit un droit de commission.

Toute personne notoirement solvable, domiciliée en Algérie, peut être admise à l'escompte et obtenir un compte-courant L'admission est prononcée par le Conseil d'administration, sur demande appuyée d'un de ses membres ou par deux personnes ayant des comptes-courants.

La Banque de l'Algérie a établi des comptoirs : à Alger, — à Oran — et à Constantine.

Crédit foncier. — Le privilége accordé au crédit foncier de France est étendu au territoire de l'Algérie.

Les prêts faits par le crédit foncier aux propriétaires d'immeubles situés en Algérie ne peuvent dépasser cinq pour cent de la totalité des prêts effectués sur le territoire continental de la France. — Ces prêts sont réalisés en numéraire ; ils sont remboursables par annuités, comprenant : 1° l'intérêt ; 2° la somme nécessaire pour amortir la dette dans le délai de trente ans au plus ; 3° les frais d'administration. Le taux de l'intérêt ne peut dépasser huit pour cent, et l'allocation pour frais d'administration est fixée à 1 fr. 20 cent. Pour les emprunts d'une durée moindre de trente ans, l'annuité est établie sur les mêmes bases que ci-dessus.

Caisses d'épargne. — Sont déclarés applicables à l'Algérie les lois, ordonnances et décrets qui régissent, dans la métropole, les caisses d'épargne et de prévoyance. Ces caisses reçoivent en dépôt les sommes qui leur sont confiées par toutes personnes qui désirent y verser leurs épargnes.

Des caisses sont établies : à Alger, — à Oran, à Constantine —et à Bône.

Mont-de piété. — Un Mont-de-piété est établi à Alger, sous la surveillance et la garantie de l'autorité municipale.

Les conditions du prêt consistent :

1° En un droit de prisée de un pour cent sur chaque engagement ;

2° En un intérêt de dix pour cent par an sur la somme prêtée.

Les prêts sont accordés pour un an au plus ; ils peuvent être renouvelés ; toutefois, lorsque les objets déposés en nantissement sont des marchandises neuves ou des hardes ou autres objets en fil, coton, laine ou soie, les prêts ne peuvent être accordés que pour six mois.

CHAPITRE VI.

Cultes : Catholique, Protestant, Israélite ; — Justice : Tribunaux français —
Instruction publique : Lycée d'Alger, Ecoles primaires et secondaires,
Ecoles israélites ; — Milices algériennes ; — Armée : — Marine.

—

CULTES :

Culte catholique. — La religion catholique a ses ministres dans les trois provinces ; un évêque, institué par bulle papale (1838), est à la tête du diocèse d'Alger.

Nous n'avons point à indiquer ici le personnel du clergé ; il nous suffira de dire que dans la colonie il a été fait droit à toutes les exigences : chaque ville a son église, chaque village son presbytère et sa chapelle.

Culte protestant. — Un consistoire central siége à Alger ; il dirige les intérêts de toutes les églises protestantes de l'Algérie. Ces églises appartiennent soit au culte réformé, soit à la confession d'Augsbourg. — Les pasteurs réformés relèvent directement du Consistoire central ; ceux de la confession d'Augsbourg sont sous la direction du Directoire général, siégeant à Strasbourg.

Le Consistoire central d'Algérie est composé : 1° de dix membres laïques pris dans les deux confessions ; 2° des pasteurs des trois provinces.

La province d'Alger compte quatre paroisses : Alger, Douéra, Aumale et Blidah ; ces paroisses et leurs annexes sont desservies par six pasteurs. La province d'Oran a deux paroisses : — Oran et Mostaganem, desservies, ainsi que leurs annexes, par trois pasteurs. — La province de Constantine a cinq paroisses : Constantine, Philippeville, Bône, Guelma et Aïn-Arnat ; ces paroisses et leurs annexes sont desservies par cinq pasteurs.

Chaque paroisse a son conseil presbytéral. Le pasteur en est le président.

Culte israélite. — Il est institué en Algérie un consistoire *algérien* et des consistoires *provinciaux*. Le consistoire algérien siége à Alger ; les consistoires provinciaux, siégent, à Oran, et à Constantine.

L'autorité du consistoire algérien s'étend sur toute la colonie : celle des consistoires provinciaux s'exerce respectivement dans la circonscription de leurs provinces.

JUSTICE.

La justice est administrée, au nom de l'Empereur, par des tribunaux français et des tribunaux indigènes : — nous ne parlerons ici que des premiers.

Tribunaux français. — L'organisation judiciaire comprend :

1° Une Cour impériale siégeant à Alger et do nt le ressort embrasse la totalité de l'Algérie, sauf le territoire exclusivement réservé, en tant que juridiction, à l'autorité militaire. — La Cour impériale d'Alger se compose d'un Premier Président, de deux Présidents de chambre et de Conseillers. Les fonctions du minis'ère public près la Cour sont remplies par un Procureur-général, deux Avocats-généraux, dont l'un reçoit le titre de Premier Avocat-général, et par deux substituts. — Cette Cour se divise en trois chambres, dont une connaît des affaires civiles, une des mises en accusations et une des appels de police correctionnelle ;

2° Des tribunaux de première instance ;

3° Des justices de paix ;

4° Des tribunaux de commerce.

Les tribunaux français connaissent entre toutes personnes, de toutes les affaires civiles et commerciales, à l'exception de celles dans lesquelles des musulmans sont seuls parties, et qui sont portées devant les tribunaux indigènes. — C'est la loi française qui régit les conventions et contestations entre français et étrangers.

Les tribunaux de première instance connaissent, (sauf les causes portées devant le conseil de guerre), de tous délits ou contraventions, à quelque nation ou religion qu'appartienne l'inculpé ; ils ne peuvent prononcer, même contre les indigènes, d'autres peines que celles établies par les lois pénales françaises.

Les tribunaux de commerce, qui sont au nombre de trois, établis à Alger, Oran et Constantine, sont formés, comme en France, par voie d'élection.

Les *Cours d'assises*, sont composées de trois conseillers de la Cour impériale, dont l'un préside les assises, et de deux juges. Elles connaissent de tous les faits qualifiés crimes par la loi, et jugent sans l'assistance de jurés. L'ordonnance du 26 septembre 1842 réservait aux conseils de guerre la connaissance des crimes et délits commis en territoire militaire par un français ou un européen étranger à l'armée. Mais cette ordonnance a été rapportée : par décret impérial, les crimes, délits et contraventions commis en territoire militaire *par les Européens et les Israélites*, sont aujourd'hui déférés, soit aux Cours d'assises, soit aux tribunaux de première instance.

La tenue des assises a lieu tous les quatre mois, dans chacun des chefs-lieux d'arrondissement de l'Algérie où est établi un tribunal de première instance : les membres de la Cour se transportent successivement dans les divers arrondissements pour y exercer leurs fonctions.

INSTRUCTION PUBLIQUE

L'Instruction publique est placée dans les attributions et sous l'autorité du Ministre de l'Instruction publique, à l'exception des écoles musulmanes qui restent dans les attributions exclusives du Gouverneur-Général.

Académie. — L'Académie d'Alger, dont le ressort embrasse les trois provinces, fut créée en 1848 ; son personnel est ainsi composé :

Un Recteur ; deux Inspecteurs d'Académie ; trois inspecteurs de l'instruction primaire, — un dans chaque province ; un secrétaire et un commis.

Il est, en outre, adjoint à l'Académie d'Alger un *Conseil Académique*, composé de onze membres : les uns désignés par les fonctions universitaires qu'ils occupent, les autres nommés par le Ministre.

Le Recteur, chef du service pour toute l'Algérie, correspond directement et exclusivement avec le Ministre de l'Instruction publique pour tout ce qui concerne les *Ecoles françaises et israélites.* Il adresse au Gouverneur-Général une copie de ses rapports périodiques.

Ecoles françaises. — L'Enseignement se divise, comme en France, en trois branches :

L'Enseignement supérieur ;

L'Enseignement secondaire ;

L'Enseignement primaire.

ENSEIGNEMENT SUPÉRIEUR — Il comprend :

1° Une Ecole préparatoire de médecine et de pharmacie, dont le siège est à Alger et qui est placée, quant aux sessions d'examens, dans la circonscription de la Faculté de Médecine de Montpellier ;

2° Les cours publics de langue arabe, qui sont faits au chef-lieu de chaque province, c'est-à-dire à Alger, à Constantine et à Oran.

9.

ENSEIGNEMENT SECONDAIRE. — Il comprend :

Le Lycée impérial d'Alger ;

Quatre Colléges communaux, institués à Bône, Constantine, Philippeville et Oran ;

Une institution secondaire et primaire à Mostaganem ;

Un établissement privé tenu, à Oran, par les Jésuites.

Le *Lycée impérial* a été réorganisé par arrêté du Pouvoir Exécutif ; l'enseignement y est le même que celui donné, en France, dans les lycées de premier ordre.

Les *Colléges communaux* sont des écoles secondaires, aussi utiles que peu coûteuses : on y fait des études assez complètes pour que les élèves puissent être reçus bacheliers ès-lettres ou ès-sciences.

ENSEIGNEMENT PRIMAIRE. — Cet enseignement, — nous aimons à le dire, — a pris en Algérie un large développement : écoles publiques, écoles privées, spéciales aux différents cultes, écoles de garçons, écoles de filles, écoles mixtes, salles d'asile, tous ces établissements existent dans la colonie comme dans la métropole et, on peut dire, dans de meilleures conditions, au point de vue des avantages assurés au personnel enseignant.

La population européenne trouve donc à satisfaire largement au besoin de donner à ses enfants l'instruction qui leur est nécessaire.

Le tableau suivant, emprunté aux dernières statistiques, fera, du reste, connaître la situation :

NATURE DES ÉTABLISSEMENTS.

Ecoles des garçons et écoles mixtes.		Nombre des établissem.	garçons	filles.
Ecoles publiques	Laïques.........	140		
	Congréganistes..	25	10.124	1.594
Ecoles privées	Laïques	36		
	Congréganistes..	6		

Ecoles spéciales aux filles.				
Ecoles publiques	Laïques.........	22		
	Congréganistes..	57		
Ecoles privées.	Laïques.........	37	»	8.313
	Congréganistes..	20		
		343	10.124	9.907

SALLES D'ASILE
Enfants au-dessous de six ans.

Asiles publics	Laïques.........	5		
	Congréganistes..	65	2.655	4.002
Asiles privés	Laïques.........	»		
	Congréganistes..	11		
		81	2.655	4.002

Ce qui constitue, pour les deux sexes, 424 écoles primaires, publiques ou privées, où sont instruits : 12.779 garçons et 13.909 filles, — ensemble 26.708 enfants. L'instruction primaire est donnée par 669 instituteurs ou institutrices, savoir : 327 laïques et 342 congréganistes.

Ecoles israélites. — Les écoles rabbiniques, dites *Midrashim*, sont des écoles privées, spéciales aux garçons israélites, dans lesquelles on n'enseigne que l'hébreu et la religion mosaïque. — Ces écoles sont remplacées, peu à peu, par des écoles communales dans lesquelles l'enseignement profane et l'enseignement religieux sont donnés simultanément par des instituteurs français appartenant au culte israélite et par des rabbins indigènes. Il existe encore, en ce moment, en Algérie, 21 Midrashim, réunissant 935 enfants.

—

MILICES ALGÉRIENNES

Les milices algériennes ont été instituées pour concourir au maintien de l'ordre intérieur et à la conservation du sol conquis.

Environnée d'une population indigène facile à entraîner dans des tentatives soudaines de révolte, la population coloniale ne doit pas s'endormir dans la sécurité présente : il est bon que chaque homme compte sur son courage personnel, et tout colon valide doit prévoir le cas où il serait appelé à manier un fusil et à combattre, avec l'armée, pour la défense du territoire.

La milice est organisée par commune dans toutes les parties du territoire où le Gouverneur-Général le juge nécessaire ; son service consiste :

En service ordinaire dans l'intérieur de la commune ; et, — quand des circonstances extraordinaires le réclament, — en service de détachement hors du territoire de la commune.

Elle est placée :

Dans les territoires civils : sous l'autorité des maires, commissaires civils, sous-préfets et préfets ;

Dans les territoires militaires : sous l'autorité du pouvoir militaire chargé de l'administration du pays.

Toutefois, elle peut toujours passer, en vertu d'un arrêté du Gouverneur-Général, sous le commandement de l'autorité militaire.

Le service de la milice est obligatoire pour tous les Français âgés de dix-huit à cinquante-cinq ans, qui sont reconnus aptes à ce service par le conseil de recensement ;

il devient également obligatoire pour les étrangers, les musulmans et les israélites admis dans la milice avec l'approbation du Gouverneur-Général.

Néanmoins, les causes particulières qui, en France, font exempter du service ou exclure de la garde nationale certaines catégories de citoyens, entraînent également en Algérie l'exemption ou l'exclusion de la milice dont l'organisation générale est réglée par un décret.

—

ARMEE D'AFRIQUE

L'armée se compose :

1° De régiments de toutes armes, envoyés de France, puis relevés par d'autres, après cinq ou six années de séjour : (infanterie et cavalerie);

2° De corps spéciaux créés dans le pays : (zouaves, gendarmerie, légion étrangère, tirailleurs algériens, spahis et chasseurs d'Afrique).

L'Algérie est divisée en trois divisions militaires dont Alger, Oran et Constantine sont les chefs-lieux; chacune d'elles comprend un certain nombre de subdivisions, placées sous le commandement de généraux de brigade ou de colonels.

La province d'Alger comprend six subdivisions militaires ·

Alger, Dellys, Médéah, Aumale, Milianah, Orléansville;
La province d'Oran en compte cinq :
Oran, Mostaganem, Sidi bel-Abbès, Mascara, Tlemcen;
La province de Constantine en a quatre :
Constantine, Bône, Sétif, Batna.

Chaque subdivision comprend plusieurs cercles; le commandant de la subdivision commande directement le cercle du chef-lieu; les autres cercles sont commandés par des officiers supérieurs ou des capitaines; certains cercles comprennent eux-mêmes des *annexes* ayant pour chefs des capitaines ou des lieutenants des *bureaux arabes*.

Durant la période de la guerre, l'effectif de l'armée fut souvent élevé jusqu'à 100.000 hommes. Depuis, cet effectif a été réduit et le corps d'occupation, toutes armes comprises, ne dépasse pas, aujourd'hui, 64,000 hommes.

L'état récapitulatif des troupes donne les chiffres suivants :

EFFECTIF DES HOMMES ET DES CHEVAUX ENTRETENUS EN ALGÉRIE
EN 1862.

DÉSIGNATION.	OFFICIERS.	SOLDATS.	TOTAL.	CHEVAUX et MULETS.
Etat Major.................	532	»»	532	587
Gendarmerie ,...........	22	619	641	431
Infanterie..............	805	28.639	29.444	730
Cavalerie	406	8.161	8.567	5.102
Artillerie	131	3.751	3.882	1.473
Génie	35	1.502	1.537	651
Equipages Militaires	139	4.955	5.094	3.189
Services administratifs..	634	1.803	2.437	70
Légion étrangère.......	89	2.434	2.523	54
Troupes indigènes......	473	8.465	8.938	3.986
Arabes auxiliaires......	»»	191	191	»»
TOTAUX.......	3266	60.520	63.786	16.273

MARINE IMPÉRIALE

La station navale de l'Algérie relève du Ministre de la
Marine, et est placée sous les ordres d'un Contre-Amiral.
Elle se compose actuellement :

D'une frégate à vapeur, mise à la disposition du Gouverneur-Général ;

De six corvettes ou avisos à vapeur, chargés du service
des courriers ;

D'une corvette à voiles, stationnaire dans le port d'Alger, servant en même temps d'école pour les mousses
indigènes.

D'un brick à voiles sous les ordres du commandant du
stationnaire.

Et de deux balancelles chargées de la surveillance de la
pêche du corail : l'une est à La Calle, l'autre à Mers-el-
Kébir. — Ces deux bâtiments relèvent du Gouverneur- Général et sont commandés par des officiers de la marine
impériale, qui veillent à ce que les pêcheurs n'emploient
pas d'engins prohibés et soient munis d'une patente.

Courriers de la côte. — Ce service est installé
de la manière suivante :

Les 3, 13 et 23 de chaque mois, part le courrier de

Bône, faisant escale à Dellys, Bougie, Djidjelly, Philippeville, Bône et La Calle ; il repart de ce dernier point les 7, 17, 27, et de Philippeville les 8, 18, 28, à huit heures du matin. — Une fois seulement par mois, le 8, le navire touche à Collo.

Le courrier d'Oran part les 4, 14 et 24 de chaque mois ; il touche à Cherchell, Tenès, Mostaganem, Arzeu et repart d'Oran les 9, 19 et 29 à huit heures du matin.

Le service des courriers consiste à transporter, d'un point à l'autre de la côte, les dépêches et les passagers du gouvernement ; les voyageurs du commerce y prennent également passage, mais à la condition de ne point transporter de marchandises pour ne pas faire concurrence au petit cabotage.

Ce sont les Agents des postes qui délivrent les passages aux voyageurs de l'ordre civil ; ces derniers prennent leurs repas à la table d'un pourvoyeur établi sur le navire par le service des postes.

APPENDICE

Géographie. — Statistique. — Mercuriales. — Conclusion.

DESCRIPTION DE L'ALGÉRIE.

Limites et étendue. — L'Algérie est bornée au Nord, par la mer Méditerranée, à l'Est, par la Tunisie, à l'Ouest, par l'empire du Maroc ; au Sud, elle a pour limite celle des *terres de parcours* des tribus sahariennes soumises à la France. Elle est ainsi comprise entre le 32° et le 37° degrés de latitude nord, entre le 4° degré de longitude occidentale et le 6° degré de longitude orientale. — La ligne du Nord a un développement de 1.000 kilomètres (250 lieues) ; celles de l'Est et de l'Ouest ont, en moyenne, 390 kilomètres (97 lieues). La superficie totale de l'Algérie peut donc être évaluée, approximativement, à 390.000 kilomètres carrés, soit 24.375 lieues carrées.

Côtes et golfes. — La côte s'étend presque en ligne droite de l'Ouest à l'Est ; les falaises qui la bordent surgissent du fond de la mer et offrent l'aspect général d'un mur à pic. Les seules sinuosités remarquables sont :

1° *Le golfe d'Oran*, qui comprend les baies d'Oran et

d'Arzeu ; 2° *La baie d'Alger* ; 3° *Le golfe de Bougie*, qui comprend les baies de Bougie et de Djidjelli ; 4° *Le golfe de Philippeville*, qui comprend les baies de Collo et de Stora ; 5° *Le golfe de Bône*.

Ces cinq grands enfoncements du rivage correspondent aux principales vallées du littoral algérien ; ils sont généralement bordés au Sud par de belles plages de sable, et présentent tous la forme régulière d'un croissant dont la concavité regarde le Nord.

Géologie — On trouve dans les trois provinces des terrains d'origine sédimentaire, et des terrains d'origine ignée. Ceux-ci sont très-peu développés, et ne forment, en quelque sorte, que des îlots très-circonscrits au milieu des autres terrains qu'ils ont soulevés.

Les terrains d'origine sédimentaire peuvent se diviser en trois catégories principales :

1° Terrains de transition ; 2° terrains secondaires ; 3° terrains tertiaires.

Les terrains de transition ont très-peu d'étendue.

Les terrains secondaires se composent essentiellement d'argiles schisteuses grises, au milieu desquelles sont disséminées des couches de grès quartzeux très-dûr et de calcaire gris compact, à texture cristalline. Les crêtes sont formées généralement de grès ou de calcaire, et les argiles s'étendent sur les flancs des chaînes de montagnes.

Les terrains tertiaires sont très-répandus ; ils se composent de calcaires, dé sables, de grès et d'argiles. Les calcaires ont généralement très-peu d'adhérence ; cependant, ils peuvent quelquefois prendre une texture cristalline et être susceptibles d'être polis comme des marbres ; mais ce n'est qu'un accident fort rare.

Montagnes. — L'Algérie est traversée dans le sens de sa largeur par l'Atlas, qui s'étend de l'Océan, auquel il a donné le nom d'*Atlantique*, jusqu'au golfe de Gabès, en Tunisie. — Une série de hautes protubérances, l'*Ouanseris*, le *Zakkar*, les pics des *Mouzaïa* et des *Beni-Salah*, le *Djurjura*, les *Toumiat*, le *Djebel-M'tota* et les pitons de l'*Aurès*, forment les points culminants de la chaîne ; leur plus grande élévation ne dépasse pas 2.500 mètres.

Hydrographie ; Cours d'eau. — En Algérie, comme dans beaucoup d'autres contrées, d'ailleurs, les rivières changent plusieurs fois de nom, suivant les territoires qu'elles traversent : Pour ne point fatiguer la mémoire, nous donnerons au courant principal le nom même sous lequel il est le plus généralement connu.

Les rivières les plus considérables sont les suivantes :

Dans la province d'Alger :

Le Mazafran, qui se jette dans la mer, à l'ouest de Sidi-Ferruch, près d'Alger ;

La Chiffa, qui se perd dans le Mazafran ;

L'Harrach, le Hamise et le Boudouaou, qui se jettent dans la mer, à quelques kilomètres d'Alger ;

L'Isser, cours d'eau considérable ;

Le Sebaou, navigable du temps des Romains ; — ces deux rivières se jettent dans la Méditerranée, à l'ouest de Dellys.

Dans la province d'Oran :

Le Chéliff, qui prend sa source dans l'Ouanseris, traverse une partie de la province d'Alger, et va se jeter dans la Méditerranée, près de Mostaganem ;

La Macta, formée par l'Habra et le Sig ;

L'Oued-el-Melah ou Rio-Salado :

La Tafna, célèbre par le traité de ce nom, et qui se jette dans la mer, à douze lieues ouest d'Oran.

Dans la province de Constantine :

L'Oued-Saheul ;

L'Oued-el-Kébir ;

Le Saf-Saf ;

La Seybouse.

Aucune de ces rivières n'est navigable, mais plusieurs d'entre elles seraient susceptibles de le devenir, au moins partiellement.

Lacs, chotts et sebkhras. — Les pentes sont aujourd'hui généralement dénudées : par suite de leur déboisement, elles ont perdu la propriété d'absorber et de retenir les eaux pluviales. Il en résulte que les rivières, grandes ou petites, ont toutes le caractère de torrent, et ce sont les lits, secs ou pleins d'eau, de ces torrents que les Arabes désignent sous le nom générique d'*oued*. Néanmoins, sur quelques points, les eaux forment des nappes permanentes appelées *Lacs*, ou bien elles se réunissent dans des bassins d'une nature particulière, appelés *Chotts* et *Sebkras*.

Peu de ces réservoirs méritent le nom de lacs ; les plus remarquables sont :

Dans la province d'Alger;

Le lac *Halloula*, au S.-O. d'Alger, dont l'origine ne paraît point remonter au-delà du siècle dernier. Il a 6 kilomètres de long et 2 kilomètres de largeur moyenne; sa profondeur moyenne est de 2 mètres : il est très poissonneux et très fréquenté par les oiseaux aquatiques. — On travaille à son dessèchement qui, au point de vue hygiénique, sera d'un heureux résultat.

Dans la province d'Oran :

Le grand lac d'Oran, au Sud de cette ville entre Misserghin et Valmy ; il a 20 kilomètres de large sur 50 kilomètres de long ;

Le lac salé d'*Arzeu*, ayant 12 kilomètres de long sur 2 kilomètres 500 mètres de large.

Dans la province de Constantine :

Le lac *Fetzara*, dont le niveau est à 12 mètres au-dessus du niveau de la mer ; il a une superficie de douze lieues carrées. Ses eaux — d'une profondeur maxima de 2^m 60, varient peu. — Il est situé à 18 kilomètres S.-O. de Bône. On y trouve en abondance des cygnes et des grèbes dont les peaux préparées fournissent de coquettes fourrures.

Le lac *Tonga*, près de la frontière tunisienne ;

Le lac *Oubeira*, qui est complétement enveloppé de collines, à l'exception du point par lequel il se décharge dans l'Oued-Kébir ;

Le lac *El-Melah* (lac salé), qui communique directement avec la mer, et est aussi nommé le lac du *Bastion*. Ces trois grands lacs forment comme une ceinture autour du territoire de La Calle.

Par *Chott*, ou *Sebkhra*, on désigne des espaces plus ou moins profondément déprimés qui, en hiver, reçoivent les eaux pluviales de la région environnante, et, en été, par suite de l'évaporation produite par le soleil et des infiltrations, sont généralement secs, ou seulement à l'état de marécages.

Nous citerons :

Dans la province d'Alger :

Les chotts du *Zarez*, encaissés au milieu des montagnes des Ouled-Nayls ;

Dans la province d'Oran :

Le chott *El-R'arbi* et le chott *El-Chergui*, qui occupent une surface de 225.000 hectares ;

10

Dans la province de Constantine :

Le chott de *Saïda*. qui couvre tout le fond du bassin du Hodna.

Ces différents chotts, sans toutefois communiquer entre eux, au moins d'une manière apparente ou connue, suivent une direction générale parallèle à la côte, c'est-à-dire allant du Sud-Oouest au Nord-Est.

Sources thermales. — L'Algérie possède des sources minéro-thermales qui, sous le rapport de l'abondance, de la diversité et des propriétés thérapeutiques, ne le cèdent à aucune de celles qui, en Europe, sont le plus recherchées. — Chacune des trois provinces en possède un grand nombre ; nous signalerons comme les plus efficaces :

Dans la province d'Alger :

1° La source thermale d'*Hammam-Melouan*, près du village de Rovigo, à 40 kilomètres d'Alger. Ses eaux répondent à celles de Bourbonne, à cette différence près qu'elles contiennent une plus grande quantité de chlorure de sodium ;

2°. Les eaux thermales d'*Hammam-Rir'a*, à quelques lieues de Milianah : leur température la plus élevée est de 45 degrés, et leur action tonique, stimulante et énergique.

Dans la province d'Oran :

1°. La source thermale des *Bains de la Reine*, sur le bord de la mer, entre Mers-el-Kebir et Oran, à 2 kilomètres au plus de cette dernière ville. Franchement salines, ces eaux sont bonnes contre un grand nombre d'affections internes et externes, telles que les débilités de l'estomac, lenteurs digestives, les rhumatismes simples et goutteux. L'hôpital militaire d'Oran y fait transporter ses malades ;

2° *Aïn-Merdja*, sur la rive gauche de la Tafna ;

3° *Aïn-el-Hammam*, à 20 kilomètres de Mascara : ses eaux sont légèrement alcalines,

Dans la province de Constantine :

1° *Hammam-Meskoutine*, source thermale d'où l'eau s'échappe en abondance par une ouverture principale, à une température de 95 degrés centigrades. Les eaux qui jaillissent des autres ouvertures varient de 35 à 46 degrés, mais elles sont indistinctement d'une limpidité remarquable. D'une nature saline avec odeur sulfureuse, elles se rapprochent, par leur composition chimique, des eaux de Balaruc, de Plombières et de Bagnères-de-Bigorre, qu'elles peuvent remplacer au besoin.

2° *Hammam-Sidi-Mimoun*, au Sud de Constantine, près du Rummel ; elle projette une eau thermale d'une température de 26 degrés.

Ces différentes sources sont également fréquentées par les Arabes et par les Européens.

Aspect général; divisions naturelles. — Au point de vue de la géographie physique et dans sa configuration la plus générale, l'Algérie présente trois régions distinctes :

1° Le versant maritime, — région dont toutes les eaux se rendent à la Méditerranée ;

2° La région des hauts plateaux, dont les eaux se réunissent dans les lacs intérieurs ou les chott que nous avons mentionnés plus haut ;

3° Enfin, le Sahara ; — Les eaux de cette région suivent de longs Talwegs, dont les uns vont aboutir à des bas-fonds, comme dans les hauts plateaux, tandis que les autres vont se perdre au milieu de dunes de sable.

Au point de vue agricole et pastoral, on distingue :
Au Nord, le Tell, région agricole et forestière ;
Au Sud, le Sahara, pays des nomades et des pasteurs.

Le Tell (du mot latin *tellus*) s'étend de la Méditerranée à la région des plateaux. Sa largeur moyenne est de 120 kilomètres à l'Ouest et au centre, et de 260 à l'Est ; son étendue mesure 14 millions d'hectares. Il produit d'abondantes récoltes, fournit aux habitants et à l'Europe même des grains, du tabac, du coton et des bois essentiellement propres à l'ébénisterie : bientôt il fournira du vin. — On l'a dit avec raison : le Tell est le grenier de l'Algérie.

Le Sahara, qu'on a longtemps appelé le *Pays de la soif et du simoun*, a pourtant ses richesses. C'est là que paissent, sous la garde des Arabes pasteurs, d'innombrables troupeaux. Le sol est à peine cultivé, mais on y trouve d'immenses pacages, et il fournit des moutons qui alimentent jusqu'aux boucheries de la métropole, et des laines qu'on tisse dans toutes ses fabriques.

Plus au Sud, sont les *oasis* : chaque grande oasis a sa ville principale, autour de laquelle rayonnent les *ksours* (villages) de sa dépendance et les tentes des tribus ses alliées, errantes au printemps pour faire paître leurs troupeaux, émigrant pendant l'été pour aller acheter des grains dans le Tell, toujours de retour en novembre pour les emmagasiner, pour cueillir les dattes ou s'en approvisionner et passer l'hiver en famille sous la maison de poil. »

Dans chacune de ces deux régions, le sol se divise comme suit :

Tell	Terres cultivées. . . .	2.000.000 hect".
	Pâturages.	4.200.000
	Broussailles.	5.000 000
	Forêts.	1.800.000
	Marais.	40.000
	Roches, sables, rivières, lacs, routes, etc. . .	970.000
Sahara	Oasis, terres irrigables. .	100.000
	Landes et pacages. . . .	31.000.000
	Rochers, lacs, rivières. .	900.000
		46.010.000 hect".

Soit 46 millions d'hectares, dont 14 pour le Tell, et 32 pour le Sahara ; mais ces chiffres, qui reposent sur des évaluations encore assez vagues, ne peuvent être donnés que comme approximatifs.

Peu de voyageurs français ont osé s'aventurer dans les solitudes du Sahara et sur les routes du Soudan : c'est donc pour nous un devoir de rappeler en quelques lignes les explorations qui ont été faites depuis la conquête d'Alger jusqu'à ce jour :

En 1836, un médecin en résidence à Constantine, M. de Montgazon, fut mandé à Tougourt par le cheick de l'Oued-R'ir, Si Ahmed. Le choléra décimait l'oasis : le docteur fut accueilli avec reconnaissance, et il put étudier à loisir les mœurs des indigènes. A son retour, il consigna ses observations dans la *Revue de l'Orient*.

Ahmed mourut (1838) ; il eut pour successeur Ben Abd-er-Rhaman, arabe intelligent, point fanatique et tout disposé à entrer en relations avec les Européens. On le sut à Constantine, et un cantinier nommé Michel se rendit dans l'oasis où il vendit avantageusement une pacotille de menus objets (1840). Par malheur, cet homme était illettré, et ne put donner sur les hommes et les choses que de vagues renseignements.

La route était ouverte ; un commerçant, M. Garcin, voulut la suivre. Il acheta des marchandises et parvint jusqu'à Tougourt où il les échangea contre les produits du pays. — Le récit de son excursion a été publié dans le journal de Constantine.

Le Gouvernement crut devoir profiter des bonnes dispositions d'Abd-er-Rhaman, et il chargea M. Prax de visiter la partie orientale de la province de l'Est (1847). M. Prax était un homme instruit, façonné de longue date aux habitudes des indigènes dont il parlait la langue : il explora le Souf en voyageur qui sait observer, et publia dans la *Revue de l'Orient* le récit de son voyage.

Vers la même époque, deux colonnes mobiles, commandées l'une par le général Renaud, l'autre par le général Cavaignac, exploraient le Sud de la province de l'Ouest et poussaient jusqu'à la ligne des oasis. (Voy. la relation du Dr Jaquot. 1849).

Plus tard (1850), MM. Renau et Berbrugger partaient de deux points différents et s'avançaient dans le Sud.

M. Renau comptait se rendre à Tombouctou : il dut s'arrêter à N'gouça, dans l'ouest, les indigènes s'opposant à ce qu'il continuât sa route.

M. Berbrugger, lui, partait de Soukarras et gagnait Tunis par la vallée de la Medjerba. côtoyait l'extrême sud, visitait le Djérid, le Souf et l'Oued R'ir, l'oasis de Nefta, celles de Tougourt et d'Ouargla, puis rentrait à Alger après avoir traversé le M'zab que, trois ans après, M. Renau, membre de l'Institut, parcourait en détail.

Les renseignements ainsi obtenus étaient précieux , sans doute, mais il importait de les compléter par des études plus spéciales : le Gouverneur - Général confia donc à des officiers d'Etat-Major la mission délicate, non moins que périlleuse, de dresser la carte du Sahara; et les capitaines Mircher, Saget et Minot, attachés au service topographique. furent chargés, sous la direction du colonel Durrieu, d'explorer le sud de nos possessions. C'est ainsi qu'il visitèrent Metlili, Ouargla, tout le M'zab, et qu'ils en déterminèrent la position.

En 1856, de nouvelles explorations furent faites par les capitaines Vuillemot, Mircher et Davenet, qui accompagnaient trois colonnes, parties des trois provinces de l'Algérie et qui furent réunies et passées en revue sous les murs de Ouargla (1er janvier 1857), par le général Desvaux, commandant la subdivision de Batna.

D'autres explorateurs sont venus , qui ont suivi les traces de leurs devanciers :

Le capitaine Bonnemain est allé jusqu'à Ghadamès (1857), dans la Tripolitaine ;

M. Ismaël Bouderba est allé plus loin encore ; il ne s'est arrêté qu'à Ghât (1857);

Enfin, M. Duveyrrier vient de parcourir toute la partie orientale du Souf, le M'zab, et à poussé ses explorations jusqu'à Ghadamès et Ghât, d'où il est revenu par Mourzouk et Tripoli.

M. Henri Duveyrrier, qui s'était préparé pendant plusieurs années, sous les auspices du Dr Barth, à ces explorations, en fera connaître prochainement le résultat dans un ouvrage qui sera certainement accueilli avec empressement par le monde savant. M. Duveyrrier s'est attaché également à l'étude des questions pratiques relatives à l'ouverture de relations commerciales, et, à cet égard, son livre présentera aussi les plus précieuses indications. Il a noué d'intimes et cordiales relations avec les chefs des Touaregs ; il est donc permis d'espérer que bientôt ces peuplades qui ferment l'entrée du Désert viendront à nous, sollicitées qu'elles sont par leurs propres intérêts; et que les caravanes, parties d'Alger sous la sauvegarde de la France, gagneront Tombouctou, — cette cité mystérieuse qui sera quelque jour une de nos stations commerciales du Soudan.

Nous avons donné au chapitre 1er, page 6, l'état comparatif des différentes populations qui habitent le Tell et le Sahara. Les tableaux suivants, spéciaux à la population du Tell (*urbaine et rurale* en ce qui concerne les Européens, *urbaine* seulement en ce qui concerne les indigènes) forment le complément de cet état.

TABLEAU, par province, de la population européenne et indigène.

PROVINCES.	européens et indigènes	NOMBRE DE		OBSERVATIONS.
		maisons.	ménages	
Alger. . . .	190 210	18.217	47.187	Il n'est ici question que des indigènes des villes. — Ce tableau ne comprend d'ailleurs ni la population en bloc, ni l'armée. Entre le chiffre indiqué à la page 6 sous la rubrique *Nationalités*, 579.603 habitants (français, étrangers, arabes des villes et juifs indigènes) et le chiffre ci-dessus donné 579 310, il existe une différence de 293. — C'est le chiffre de la population flottante.
Oran. . .	104.505	14.009	25 409	
Coustantine. .	284 595	9.100	25 455	
Totaux . .	579.310	41.326	98.141	

On compte donc aujourd'hui, dans les villes et leurs banlieues, 529.310 Européens et indigènes, lesquels se divisent en 98.141 ménages et habitent 41.326 maisons.

D'après le dernier recensement (1861), cette population se divise elle-même ainsi qu'il suit :

PROVINCES	SEXE MASCULIN				SEXE FEMININ.			
	Garçons	Hommes mariés	Veufs.	Indigènes divorcés	Filles.	Femmes mariées	veuves	Indigènes divorcées
Alger. . .	58 506	37.892	2 234	298	43 257	39.513	8.128	382
Oran . . .	33.037	20.683	1.317	72	21.279	21.009	3 964	144
Constantine	72.956	72.962	12.99	129	60.314	72.938	3 750	247
Total. .	164.499	131.537	4.850	499	27.850	133.460	15 842	773

Soit : { Hommes............ 301.385
{ Femmes 277.925

Au total........ 579.310

Nous avons dit également, page 8, qu'un certain nombre d'indigènes se mettaient au service des Européens ; en voici le dénombrement :

Dénombrement des indigènes au service des Européens
(1862)

PROVINCES	NATURE DES TRAVAUX					OBSERVATIONS
	aux culturos.	aux mines, routes etc.	aux forêts.	aux industries diverses.	TOTAUX.	
Alger. . .	4.721	1.020	127	107	5 978	Ne figurent point dans ce tableau les indigènes qui, sous le titre de *Kramès* c'est-à-dire fermier au 5e du produit net, se mettent au service des colons européens. Chaque année à l'époque des moissons et du démasclage des chênes-liège, les kabyles descendent de leurs montagnes et se louent à la née pendant tout la durée des travaux ; on évalue leur nombre à *dix mille* environ.
Constantine	3.316	918	1 005	816	6.055	
Oran . . .	2. 25	266	154	1.675	4.140	
Totaux. .	10.165	2.204	1.286	2 718	16 153	

Les divisions administratives ont été précédemment indiquées (ch. 5, p. 49) : — le territoire *militaire* forme trois divisions ; — le territoire *civil* forme trois préfectures, dix sous préfectures et quinze commissariats civils ou districts.

En voici le tableau.

TABLEAU, par province, des Préfectures, Sous-Préfectures et Districts.

PRÉFECTURE	POPULATION	SOUS-PREFECTURE	POPULATION	DISTRICTS	POPULATION
Province d'Alger					
ALGER	58.315	Blidah.	6.912	Dellys.	3.552
				Aumale.	2.875
		Médéah.	2.879	Cherchell	3.266
				Marengo.	1.409
		Milianah.	2.967	Ténès.	5.759
				Orléansville.	1.375
Province de Constantine					
CONSTANTINE	29.687	Bône.	12.533	La Calle.	1.471
		Guelma.	3.090	Soukaras.	1.429
		Philippeville.	8.137	Jemmape	1.418
				Djidjelli.	1.956
		Sétif.	3.504	Batna.	1.810
Province a'Oran					
ORAN	17.370	Mostaganem.	10.820	S-Denis-du sig	3.963
				Sidi-bel-Abbès	5.583
		Mascara.	8.033	Ain Temouchen	1.348
		Tlemcen.	20.05	Nemours.	1.127

Presque toutes les villes de l'Algérie sont reliées entre elles par des routes généralement carossables ; aussi existe t-il dans chaque province un service régulier de messageries. Ce service, il est vrai, est quelquefois interrompu pendant la saison des pluies ; mais ces interruptions, d'ailleurs fort rares , sont toujours de courte durée.

Nous donnons ci-dessous le tableau des distances légales :

D'ALGER A	kil.	DE CONSTANTINE A	kil.	D'ORAN A	kil.
Aumale	125	Batna	108	Arzeu	42
Blidah	48	Biskara	227	Aïn-Temouchen.	70
Boghar	141	Bône	156	Gé yville	162
Cherchell	114	Bordj Aréridj	198	Lalla Maghrnia.	164
Dellys	96	Bougie	229	Mascara	96
Dra-el-Mizan	67	Djidjelli	128	Mers-el-Kebir	8
Fort-Napoléon	130	Guelma	100	Misserghin	15
Koléah	38	Jemmapes	90	Mostaganem	76
Laghouat	406	Kollo	116	Nemours	383
Marengo	87	La Calle	236	St-Denis-du-Sig.	52
Médéah	84	Lambessa	120	Sebdou	153
Milianah	132	Philippeville	88	Sidi bel-Abbès	82
Orléansville	226	Sétif	144	Stidia (la)	62
Ténès	266	Soukarras	»	Tiaret	220
Tizi-Ouzou	100			Tlemcen	116

On connait le chiffre du budget des *dépenses* de l'Algérie ; nous avons dit, p. 53, que ce budget avait été arrêté, pour 1862, à la somme de 17.323.015 fr. ; il est rationnel de donner également le chiffre des *recettes* et nous entrerons à ce sujet dans quelques explications :

Les impôts arabes constituent la plus forte part des recettes de la colonie,—recettes dont nous donnons plus loin le détail complet. De quelle nature sont ces impôts, par qui sont-ils perçus, entre quelles mains sont-ils versés ? Autant de questions qu'on s'adresse journellement en France et auxquelles nous croyons opportun de répondre.

Les indigènes domiciliés en *territoire civil* doivent l'impôt sur la terre, — dont l'Européen est encore exempt, — et concourent, en outre, aux charges municipales Les tribus du *territoire militaire* payent l'*achour* et la *zekkat*.

L'*achour* est la dîme prélevée sur les récoltes. Autrefois, il se payait en nature ; nous l'avons converti en un impôt en argent, supputé annuellement d'après l'importance des moissons et le prix des denrées.

La *zekkat* est un impôt sur les bestiaux. Le Gouverneur Général en arrête chaque année les tarifs. C'est également le Gouverneur Général qui fixe les époques auxquelles doivent être acquittés, *entre les mains des Receveurs des contributions diverses*, les impôts achour et zekkat. Ces agents font, à cet effet, des tournées périodiques pour éviter aux indigènes des déplacements toujours onéreux.

Le produit des impôts arabes ne fait pas intégralement partie des revenus du budget général de l'Algérie; ce budget n'en reçoit que les 5/10es.

Les impôts d'exception sont les suivants : 1° Le *Hokor*, redevance de loyer pour les terres domaniales ; il est fixé à 20 fr., en moyenne, *par charrue*, c'est-à-dire par étendue qui varie, suivant les usages locaux, de huit à vingt hectares : 2° La *lezma* (obligation), — impôt fixe, déterminé une fois pour toutes au moment où les tribus ont fait leur soumission.

Eu exécution du décret du 27 octobre 1858, 4/10es du produit de l'impôt arabe étaient affectés aux budgets provinciaux, (dont les Conseils généraux préparent et proposent la répartition); mais un décret, rendu en 1861, a augmenté d'un nouveau dixième la part de l'impôt arabe afférente à ces budgets, ce qui produit, en partie, la diminution qu'on peut remarquer dans les chiffres de recettes du Budget général de 1862. — Ce décret était,

11.

d'ailleurs, motivé par la nécessité bien reconnue de permettre aux Conseils généraux de donner satisfaction, dans une juste mesure, aux besoins que fait naître le développement progressif de la colonisation.

Le montant des amendes dont les tribus ou fractions de tribus sont frappées, est versé par les chefs indigènes qui les ont reçues, à la caisse du receveur des contributions diverses, lequel en fait la répartition de la manière suivante : *Sept dixièmes* au budget provincial et *trois dixièmes* aux chefs indigènes.

Le budget des recettes, pour 1860, se détaillait comme suit :

DÉSIGNATION DES SERVICES.	RECETTES AFFÉRENTES à l'exercice 1860. — Les 12 premiers mois.
Contributions diverses....................	619.092 18
Enregistrement, Timbre et Domaines........	4.367.846 65
Forêts et Pêche...........................	126.463 29
Contributions indirectes	1.461.595 64
Postes	871.954 93
Contributions arabes. 6/10°	6.592.129 54
Produits divers (Redevances, Mines, Télégraphie).......	527.502 02
Recettes de différentes origines (Prises sur l'ennemi).	51.000 62
Douanes et Sels...........................	2.633.518 44
TOTAL.................	17.251.103 31

Les rentrées à effectuer porteront, approximativement, le total des recettes au chiffre rond de 18,000,000 fr.

Communication entre la France et l'Algérie. — Le service des passagers et des correspondances est confié à deux Compagnies : 1° à la Compagnie des services maritimes des Messageries impériales ; 2° à la Compagnie de navigation mixte.

Compagnie des Messageries impériales.

Trois services sont organisés :

1° De Marseille à Alger, et vice versa;

2°   —   à Stora, Philippeville et Bône, et vice versa ;

3°   —   à Oran, par Valence (Espagne), et vice versa.

Ligne d'Alger.

DÉPARTS DE MARSEILLE chaque semaine.	ARRIVÉES A ALGER chaque semaine.	DÉPARTS D'ALGER chaque semaine	ARRIVÉES A MARSEILLE chaque semaine.
Mardi, à midi. Samedi à midi.	Jeudi. 2 h. soir. Lundi 2 h. soir.	Mardi à midi. Samedi à midi.	Jeudi 2 h. soir. Lundi 2 h. soir.

PRIX DES PLACES ; 1re classe, 95 fr. — 2e classe, 71 fr. — 3e classe, 27 fr.

Ligne de Stora et Bône.
(Un départ par semaine.)

ALLER			RETOUR		
STATIONS.	ARRIVÉES	DÉPARTS.	STATIONS.	ARRIVÉES.	DÉPARTS.
MARSEILLE	»	Vend midi	BONE'......	»	Lundi 6 h. s.
STORA....	Dim. 2 h. s.	Mardi 6 h. s.	STORA....	Mar. 1 h. m.	Merc. midi.
BONE.....	Mer. 1 h. m.	»	MARSEILLE	Ven. 4 h. s.	»

de Marseille à Stora.
PRIX DES PLACES : 1re classe, 118 fr. — 2e classe, 93 fr. — 3e classe, 50 32.
De Marseillle à Bone
PRIX DES PLACES : 1re classe, 133 fr. — 2e classe, 103 fr. — 3e classe, 37 fr.

Ligne d'Oran, par Valence.

MARSEILLE	»	Merc. 4 h s	ORAN	»	Mer. 10 h. m.
VALENCE.	Ven. 7 h. m.	Ven. 10 h m.	VALENCE. .	Jeudi 2 h. s.	Jeudi 5 h. s.
ORAN	Sam. 2 h. s.	»	MARSEILLE	Sam. 8 h. m.	»

De Marseille à Oran, et vice versa.
PRIX DES PLACES : 1re classe, 143 fr. — 2e classe, 113 fr. — 3e classe, 52 fr.

NOTA. — Les passagers de 1re et de 2e classe ont droit à la nourriture quelle que soit la durée de la traversée ; les passagers de 3e classe se nourrissent à leurs frais. — Les frais d'omnibus, d'embarquement et de débarquement à *Marseille* sont compris dans les frais de passage. — Dans les différents ports de la Colonie, les voyageurs paient, suivant le tarif fixé par l'autorité, le prix de transport de leurs bagages,

COMPAGNIE DE NAVIGATION MIXTE

Départs d'Alger pour Marseille, tous les jeudis, à midi.

Arrivée à Marseille, le Samedi (48 heures) et vice versa.

PRIX DES PLACES (*Nourriture comprise*). .

1re classe, 79 fr. — 2e classe, 59 fr. — 3e classe, 27 fr.

La franchise du poids des bagages et le prix des excédants sont les mêmes que pour les Messageries.

Départs d'Oran pour Marseille, et *vice versa*, touchant à Valence et à Cette, le mardi, tous les quinze jours.

Comme dernier renseignement , nous croyons devoir reproduire ici la mercuriale de la province d'Alger, —

mercuriale dont les chiffres donnent, en moyenne, le prix des denrées dans la colonie :

Mercuriales de la province d'Alger.

PRIX MOYEN DES CÉRÉALES PAR QUINTAL.—(1862).

Blé dur, 20 fr.— Blé tendre, 25 fr — Orge, 1re qualité, 15 fr.— Orge, 2e qualité 14 fr.— Fèves, 15 fr.— Maïs, 16 fr.— Farines de blé dur, 36 fr.

PRIX MOYEN DU BÉTAIL —(1862).

Bœufs, 90 fr.— Vaches, 55 fr.— Veaux de lait. 80 fr. le quintal. —Moutons, 15 fr. - Agneaux maigres. 3 fr. 50.— Boucs et chèvres, 8 à 10 fr.— Porcs gras, 90 fr. le quintal.

PRIX MOYEN DE LA VOLAILLE ET DU GIBIER (*par tête*). — (1862)

Coqs ordinaires, 1 fr. 25.— Poules id., 1 fr.—Canards, 1 fr. 50. — Dindons, 4 fr — Oies, 3 fr.— Pigeons. 1 fr.—Lapins, 1 fr.— Lièvres, 2 fr.— Perdrix, 0 fr. 75 c.— Cailles. 0 fr 45 c — Bécassines. 0 fr. 45 c.— Vanneaux, 0 fr. 45 c.— Pluviers, 0 fr. 45 c. — Merles, 0 fr. 20 c.— Etourneaux, 0 fr. 03 c.— Canards sauvages, 1 fr. 50.

Produits divers. — (1862).

Lait, (le litre), 40 c.— Beurre, (le kilog.) 2 fr. 25.— Œufs, (la douzaine) 0 fr. 50 c.— Graisse de porc, (le kilog.) 2 fr.

Ces chiffres, qui varient suivant les époques, ne sont jamais sensiblement modifiés. Il est donc peu de villes, en France où les denrées alimentaires coûtent moins cher qu'en Algérie.

CONCLUSION.

Nous venons d'indiquer, d'une manière générale, les principales productions de la Colonie : là se bornait notre travail; nous terminerons, cependant, par une dernière observation :

Au dire du Consul américain William Shaler, qui a longtemps habité les Etats-Barbaresques, le commerce de la Régence d'Alger avec les différents Etats de l'Europe se répartissait ainsi qu'il suit, cinq années avant la conquête : IMPORTATIONS, — (cotonnades, soieries, épices de toutes sortes, bijoux et diamants, 1.200.000 piastres fortes, — soit 6.000.000 de francs; EXPORTATIONS — (laines, peaux, cuirs, plumes d'autruches et autres objets), 273.000 piastres fortes, soit 1.361.000 francs.

En 1861, — c'est-à-dire trente-un ans après l'occupation française, le mouvement commercial de l'Algérie se résumait comme suit : IMPORTATIONS : 116.600.095 francs ; — EXPORTATIONS : 49.094.120 francs.

Soit :

IMPORTATIONS.		EXPORTATIONS.	
1825	**1861**	**1825**	**1861**
6.000.000 fr.	116.600.095 fr.	1.365.000 fr.	49.094.120 fr.

Ces chiffres sont la meilleure réponse que nous puissions faire à ceux qui doutent encore des destinées de l'Algérie, et nous n'ajouterons que ce peu de mots : ici, où tout, pour ainsi dire, est encore à créer, où le succès doit être le couronnement d'efforts énergiques et suivis, tant vaut l'homme, tant |vaudra la terre : — Les gens laborieux peuvent venir !...

CE TRAVAIL

publié d'après les documents officiels,

PAR ORDRE

DE S. E. LE MARÉCHAL PELISSIER, DUC DE MALAKOFF,

sous la direction de M. MERCIER-LACOMBE,

Conseiller d'État, Directeur général des Services civils en Algérie,

A ÉTÉ RÉDIGÉ

par M. ACHILLE FILLIAS, auteur de la *Géographie physique et politique de l'Algérie* (1862).

TABLE DES MATIÈRES.

—

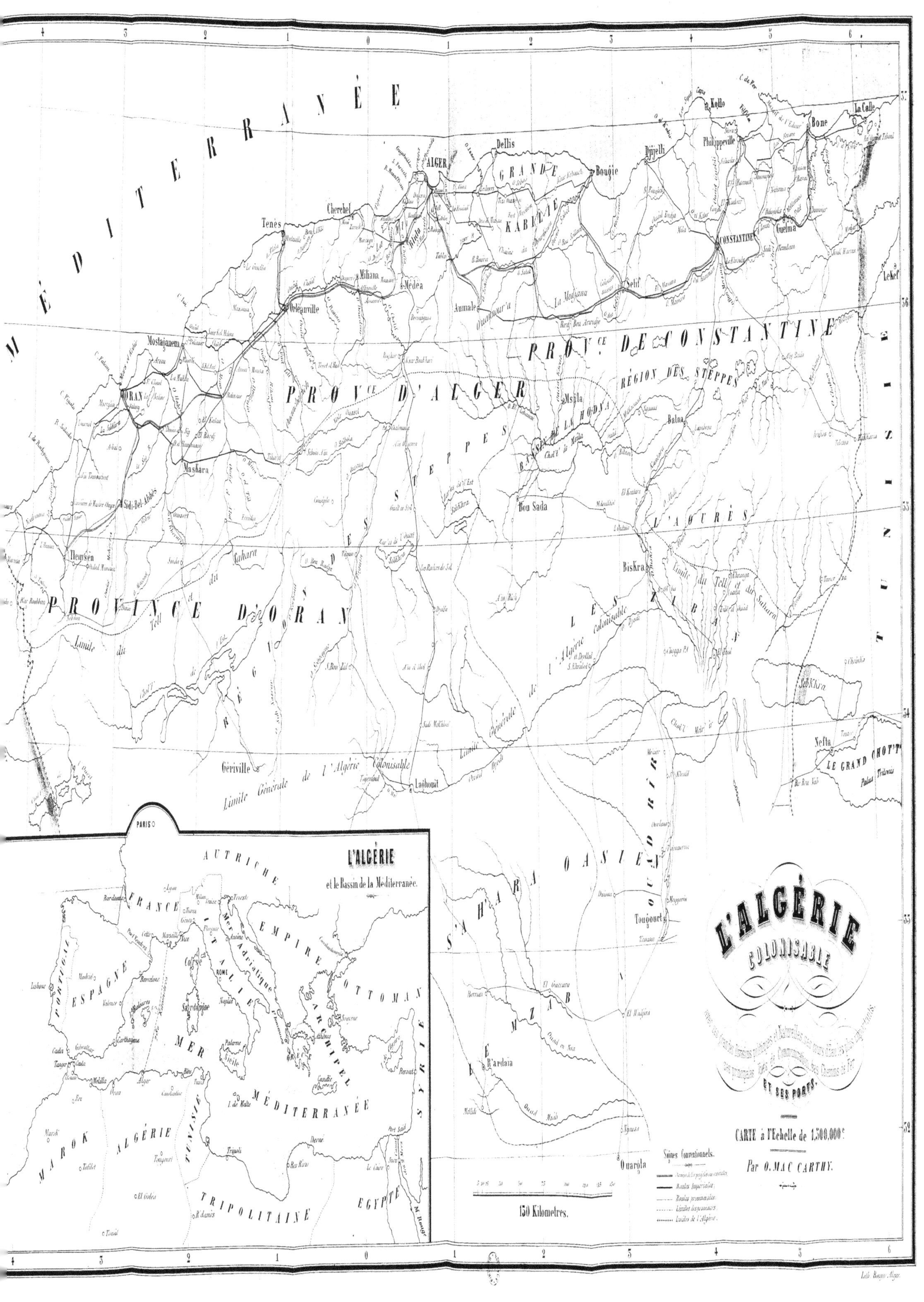
MÉDITERRANÉE
PROV.ce DE CONSTANTINE
PROV.ce D'ALGER
PROVINCE D'ORAN
GRANDE KABILIE
RÉGION DES STEPPES
LES STEPPES
BASSIN DE LA HODNA
L'AOURÈS
LES ZIBAN
SAHARA OASIEN
OUED R'IR
LE MZAB
Alger
Dellis
Bougie
Djijelh
Philippeville
Bone
La Calle
Kollo
Constantine
Guelma
Selif
La Medjana
Aumale
Medea
Mihana
Orleanville
Cherchel
Tenès
Mostaganem
Oran
Maskara
Sidi-Bel-Abbes
Tlemsen
Msila
Balna
Bou Sada
BisKra
Sefta
Gériville
Laghouat
Ouargla
Touggourt
R'ardaia
El Goléa
Le Kef
LE GRAND CHOT'T
Limite Générale de l'Algérie Colonisable
CARTE à l'Echelle de 1,500,000.e
Par O. MAC CARTHY.
L'ALGÉRIE
COLONISABLE
ET SES PORTS
L'ALGÉRIE
et le Bassin de la Méditerranée.
PARIS
FRANCE
ESPAGNE
PORTUGAL
AUTRICHE
ITALIE
EMPIRE OTTOMAN
GRECE
SYRIE
EGYPTE
MAROK
ALGÉRIE
TUNISIE
TRIPOLITAINE
MER MÉDITERRANÉE
Mer Adriatique
ARCHIPEL
Corse
Sardaigne
Sicile
ROME
Signes Conventionnels.
150 Kilometres.
Lith. Bastide Alger.